アメリカの警察

冷泉彰彦

ワニブックス
|PLUS|新書

はじめに

2021年1月6日。

アメリカの首都ワシントンにある連邦議会議事堂に暴徒が乱入した。バイデン大統領の当選を最終的に承認する審議を妨害するのが目的であり、実際に審議はストップした。暴徒は議場に乱入したばかりか、議長執務室などを荒らし警官隊に対して暴力行為を加えた。結果的に、混乱の中で6名が死亡するという不祥事に発展した。事件直前に行った演説の中で暴力行為を扇動したとして、トランプ前大統領には批判が集中し、政権の最後に来て大きな汚点を残すこととなった。

この事件では、規制線を突破されて批判を受けた一方で1名の殉職者を出した議会警察、急派されて必死に規制にあたった首都警察(MPDC)、やや遅れて派遣されたF

BI（連邦捜査局）、爆発物処理を中心に活動したATF（アルコール・タバコ・火器及び爆発物取締局）そしてシークレットサービスなど数多くの「警察組織」が投入された。

議会警察は文字通り立法府である連邦議会が独自に保有している警察である。また首都警察はワシントンDC（特別区）という自治体警察にあたる。一方で、FBI、ATF、シークレットサービスは連邦、つまり国の警察だ。ということで、この事件に対する警備体制は、図らずもアメリカの警察組織の縮図となった。

では、それぞれの組織はどんな経緯で設立されたのか、また合同で警備や捜査を行う場合はどんな体制が組まれるのか、こうした問題については、アメリカの警察という複雑で多様な組織を理解する必要がある。

本書はアメリカの警察について、簡略ではあるが組織や歴史的経緯などの要点について整理した上で、その問題点について読者の皆さまと一緒に考えて行こうという思いで企画された。

問題点というのは他でもない。現在のアメリカでは、2020年5月以来全米に沸きおこった「ＢＬＭ（ブラック・ライブズ・マター）」運動という警察への批判が続いている。警察はどのように批判されているのか、そもそも白人警官による黒人市民への一方的な殺害行為が起こる背景には、どのような構造が潜んでいるのか、こうした問いに答えを見つけるのは難しい。

この問題はアメリカという社会の暗部であるが、同時にアメリカの警察組織が苦闘している問題でもある。そして、その背景には銃社会アメリカという問題がある。憲法が、国民の「武装の権利」を事実上認めているアメリカでは、警察の治安維持行動にも困難が伴っている。

そんな中で、個々の警察官の多くは誇りを持って仕事をしているし、多くのコミュニティでは市民が警察に信頼を寄せているのもまた事実である。

本書はそのように、苦しみつつも日々のアメリカを支えている警察の独自性、とりわけ組織と人事の複雑なあり方について、読者の皆さまの議論の材料になればという思いで書かれた。米国東部の郊外に住む筆者の場合は、あくまでアメリカの一地方における「定点観測」であることをお断りしておきたい。だが、本書がアメリカの警察、そしてアメリカの社会に関して多角的な議論の材料となるのであれば、著者としてこれ以上の喜びはない。

目次

第3章　ＦＢＩ以外の連邦警察組織　101

第4章　銃社会で苦悩する警察

おわりに

第1章　組織としてのアメリカの警察

バラバラの組織

アメリカの警察組織は、アメリカという「国のかたち」そのものだ。

民主党と共和党が正面衝突する政治制度や、イノベーションがアメリカンドリームを生む産業界は、たしかにアメリカの特徴を反映している。けれども、二大政党で構成された政治の世界、一握りの多国籍企業が牛耳るビジネスの世界だけを見ていると、アメリカという社会の広がりや複雑さ、問題点を含めた全体像は見えてこない。

アメリカ全土に広がるスポーツ組織には、アメリカらしい豪快な規模がある。だが、アメリカンフットボールのNFLにしても、バスケットボールのNBAにしても、コミッショナーに大きな権限を与えて問題を解決する姿勢は整然とし過ぎている。2020年にはコロナ対策のためにリーグ丸ごと隔離したNBA、無観客60試合にシーズン短縮をしたMLBなど、アメリカの組織にしては動き方がスマート過ぎるのだ。いくつかのリーグに分かれた大学スポーツもそうだ。

その点でアメリカの警察組織というのはまったく違う。

一言で言えば、大小さまざまな警察組織がバラバラに独立していて、その全体が混沌としながらも秩序を作っている。その広がりと奥行きの中に、アメリカの「国のかたち」が鮮やかに見えてくる。

日本の警察は「一つ」だけ

どうバラバラなのか、種類がどのくらいあるのかという点では、日本の警察組織とはまったくの正反対である。

日本に警察がいくつあるのかというと、実は「一つ」しかない。

たしかに日本全国には多くの警察署があるが、それは各都道府県の警察に属している。東京には警視庁があるが、これは要するに「東京都警察」であり、名前は違うが県警本部や府警本部と同じだ。警視庁を含む各都道府県の警察は警察庁が統括しており、その警察庁は国務大臣である国家公安委員長を代表とする国家公安委員会の管轄下にある。

これとは別に各県にも公安委員会があるが、その権限は運転免許の交付、風俗営業の許可、道路標識の設置、警察への苦情受付などの機能しかない。治安維持、犯罪捜査という本来の目的に関する警察の指揮権は国が握っており、警察については都道府県の自治というのは形骸化している。したがって、基本的に各都道府県知事や都道府県議会は、警察への介入はできない。

つまり、日本には警察は一つ、国の警察しかない。

1万8000の独立した組織

では、アメリカに警察がいくつあるのかというと、とにかくたくさんある。数え方にもよるが、よく言われる数字は1万8000ぐらいである。全国の市町村にそれぞれ独立した自治体警察があり、それとは別に州警察があるが、州によってはその中間に郡警察があり、それぞれがバラバラに存在している。つまり市町村の警察を州の警察が束ねているわけではない。また、州を越えた連邦(国)のレベルではFBI(連邦捜査局)が有名だが、FBIは各州の警察を統括しているわけではなく、まったく別の独立した組織である。

連邦のレベルの警察ということでは、ＦＢＩだけでなくＤＥＡ（麻薬取締局）、ＡＴＦ（アルコール・タバコ・火器及び爆発物取締局）、などの組織がある。このＤＥＡ、ＡＴＦなどはＦＢＩの一部門かというと、そうではない。ＦＢＩと横並びの独立組織となっている。

仮に以上がアメリカの「警察（ポリス）」だとすると、その他に「保安官（シェリフ）」という存在がある。保安官というと、何となく西部劇の開拓地に出てくる一匹狼のガードマンという印象があり、歴史的存在、つまり過去の遺物のように思えるが、そうではない。保安官というのは現在でも各州に存在しているし、連邦のレベルでは「ＵＳマーシャル（連邦保安官）」というのもある。

大学警察も立派な警察組織

警察と保安官というのは法の執行を目的とした公的組織だが、その他に目的別の組織に属した警察というのもある。たとえば、2021年1月の議会乱入事件で矢面に立った議会警察というのは、連邦議会に直属しており、省庁や州の下部機関ではない。また、各大学には大学警察（キャンパス・ポリス）があり、国立公園には国立公園警察（USPP）がある。

大学警察というと、警備会社の派遣するガードマンなど部外者が、契約に基づいて大学の警備をしている姿を想像するが、そうではない。大学警察というのは、大学の正規の組織であり同時に立派な警察組織であって、パトロールカーも専用に持っており、そこに属する警察官は武装していて逮捕権限がある。たとえば大学構内の駐車違反は大学警察が違反切符を切る。それどころか、各大学には自治権があるので、特別な場合でないと、市町村や州の警察は大学内に踏み込めない。公立大学だけでなく、私立大学の場合も同じように警察組織を持っていて、その警察はフル武装しており強い権限がある。

そうした小さな組織までカウントすると、恐らくアメリカには3万ぐらいの警察があると考えられる。だが、そのようなバラバラの組織が集まり、場合によっては協調したり競ったりしながら、アメリカ社会の治安を維持してきたのは事実なのだ。

「ユナイテッド・ステイツ」を象徴する組織の形

仮にこのアメリカにおいて、警察を一つに統合しようとしたらどうなるだろうか。たとえばＦＢＩ長官が全ての頂点に立って、ＤＥＡやＡＴＦはＦＢＩの一部になるとか、各州の警察は全部がその傘下に入るとか、大学の自治警察は廃止して市町村の警察がキャンパスに入ってくるなどという事態は簡単には想像できない。もしもそのような「一本化」を強引に進めれば、各地で暴動や内戦が起きてもおかしくないだろう。

どうしてかというと、このバラバラに独立した警察組織というものは、各地方自治体が、文字通りの自治を行うことで成立している「アメリカという国のかたち」そのものだからだ。大学の秩序は大学が自分で維持する、小さな町でも町内の治安は町の警察が全て責任を持つし、その予算は独立した町の予算で賄われる、自治とはそういう意味である。そうした自治が国の隅々で行われ、連邦というのはその全体をゆるやかに統合している。

そもそも、独立戦争を戦ったのは、13の植民地の連合体であり、それぞれの植民地が州となり、そして州が集まって作った連邦「ユナイテッド・ステイツ」がアメリカである。警察組織のあり方はこれを象徴していると言ってもよい。

独立した自治体警察

複雑多岐にわたるアメリカの警察組織の中で、やはり一番ベーシックなものは各市町村の自治体警察（ミニシパル・ポリス）であろう。個々の地方自治体がそれぞれの規模に応じて、警察組織を保有しているわけで、規模としては大きいものから小さなものまでさまざまである。

大きなものではニューヨーク市警察（ＮＹＰＤ）が警察官３万６０００人、警察官僚１万９０００人、合計５万５０００人で全米最大。ロサンゼルス市警察（ＬＡＰＤ）も警察官１万人、警察官僚３０００人、合計１万３０００人と大きい。

これが人口10万人程度の都市となれば、警察組織も数百名規模となるので、規模ということではピンからキリまであるということになる。農村地帯や、山岳地帯などになる

ニューヨーク市警の交番（写真：Alamy／アフロ）

と町村の規模が人口数千とか数百というケースも出てくるわけで、そうした場合は数名の警察官がその全域を所轄するということも出てくる。

ちなみに、小規模な「村（ビレッジ）」の場合、独自の警察組織を持つ場合もあるが、近隣の町村との連合で警察組織を維持する場合もある。また西部を中心として、開拓時代以来の保安官制度が完全な形で残っている地域では、警察活動の多くを保安官が担っていて、警察の方が小さかったり、あるいは事実上警察組織が設けられていない地域もある。

これはフィクションの世界になるが、バ

ンパイヤの恋愛を描いて当時の若者の間で大ヒットした映画『トワイライト』5部作（2008年~2012年）では、クリステン・スチュワートが主人公の女子高校生べラを演じたが、その父親チャーリーは西海岸北部ワシントン州のフォルクスという小さな市の警察署長（ポリス・チーフ）という設定となっていた。

このフォルクス市というのは実在しており、映画の中でチャーリーの制服に縫い付けられた「フォルクス警察、1945年設立」という肩章はホンモノである。映画の中では警察署長といっても、チャーリーが一人で何でもやっているように見えるが、実際人口3000人規模の市の警察という場合は、数名の警官しかいないというのはよくあることだ。

本物のフォルクス市警察の場合も、市長が指揮官を兼ねる中で数名の警察官だけで効率的に運営しているそうである。

このフォルクス市のように、市の警察が市役所の部局として認識され予算も一体となっているケースがある一方で、警察組織が市町村から独立している場合もある。そうした場合、警察活動の予算は市町村からは100%来ないので、警察がボランティア組織を使って募金活動を行うことがある。世界的によく見られるように、交通反則金を警察の運営費用に充てる財源とするということもあるが同じ理由からである。

ちなみに、警察と違って消防の場合はもっと個々の独立性が高い。そして、運営の費用については市町村から来る予算で賄えるのは警察より少ない場合がほとんどだ。そこで、多くの市町村の消防署では、消防士については市民のボランティアがその任にあたっている。ニューヨークの場合は、ＮＹＦＤ（ニューヨーク市消防局）として正規の組織を持ち、フルタイムの消防士を多く雇用しているが、これはむしろ例外だ。

警察の場合は治安維持を任務とする以上は、原則としてバックグラウンドがしっかりしていて、警察学校（ポリス・アカデミー）を卒業した人物でなくてはならない。そのために警察官というのはフルタイムの職業として認知されている。実際は無資格の見習い警官や、パートタイム警官という制度もあるし、ボランティア警官に頼る町村もある。だが、大都市以外はボランティアに依存する消防とは異なるというわけだ。

自治体はカネも教育も強い独立性をもつ

どうして、各市町村の警察がバラバラに独立しているのかというと、理由は簡単である。各市町村がそれぞれに独立しているからだ。

たとえば、各市町村の機能の中で大きなものとしては公立学校の運営がある。つまり小学校（多くの場合は年長から5年生までの6年間）、中学校（多くの場合は6年生から8年生の3年間）、高校（9年生から12年生の4年間）である。

各市町村は独立して、こうした学校を運営し、そのために教育委員会を設けられている。教育委員会の委員は多くの場合公選であるが、その教育委員会は専門職の教育長を採用し（これは公選ではない場合が多い）、その教育長が主導して学校を建設し、教員を採用して学校を運営する。

高校が9年生から12年生の4年制というのは、全米で一般的だが、たとえば中学を何年間にするかとか、小学校を初級と上級に分けるか分けないかといった学制については、各学区の自由裁量となっており各州内でも統一はされていない。カリキュラムや教科書も、学区が独自の判断で採用する。また、教育予算は学区ごとの完全独立採算制である。そうなると富裕な地区は教育水準が高くなり、さらに教育熱心な富裕層が流入するとか、貧困地区は教育水準が下がるといった格差が生まれる。だが、州によっては格差に歯止めをかける条項を州憲法で規定していて、富裕な学区には「贅沢税」をかけて資金を貧困地区に回すこともしている。

さらに言えば、教育を含めた地方自治体の予算全体が独立採算制であり、歳入不足となると市町村議会が議決したり住民投票を行って「地方債」の起債、つまり借金をする。その借金がどんどん膨張して返せなくなると、地方自治体として破綻するということも起きる。

そのようにカネの面でも、そして教育という面でも市町村には強い独立性がある。したがって、そのように独立した市町村の治安を守っている警察も市町村ごとに独立しているというわけである。

州警察の役割は主に3つ

市町村警察とは別に州警察がある。繰り返しになるが、州警察の傘下に市町村警察があるのではなく、お互いに組織としては独立した存在だ。では、市町村警察と州警察の「縄張り」の分担はどうなっているのかというと、基本的にコミュニティに根ざした犯罪捜査と治安維持は全て市町村警察の役割となっている。これに対して、州警察の役割は多くの場合は次の3つに限定されている。

1つ目は高速道路のパトロールだ。まず各州における高速道路、つまり中央分離帯があって信号のない自動車専用の高速道路、具体的には州間高速道路（インターステート）や有料の高速道路（ターンパイクなど）における安全確保は通常は州警察の管轄となっている。アメリカの高速道路の制限速度は比較的低い。西部では時速75マイル（120キロ）とか80マイル（128キロ）というところもあるが、その他の地区では65マイル（104キロ）から70マイル（112キロ）が一般的であり、スピード違反については全米で厳しく取り締まりが行われている。

この「ハイウェイ・パトロール」は、高速道路の場合に多くの市町村にまたがっていることから、州警察の所轄となっており、多くの州では主要な高速道路に州警察の拠点が設置されている。取り締まりも、2台がペアになっていて1台を先に行かせて油断させた後に後ろから追尾するとか、州によっては覆面パトカー（ニュージャージー州など）、ヘリコプター（オハイオ州など）、セスナ機（フロリダ州など）などを使ってスピード取り締まりを行うこともある。また、容疑者が高速道路を使って逃走した場合などのケースでも州警察が出動する。

2点目は、州都にある州政府関係の建物や、州知事、州議会議員などの警護で、これは対象が州政府となることから、その州都の市警察というよりも州警察の所轄となっている場合が多い。州にもよるが、大統領を警護するシークレットサービスのような部隊を設けて、州知事など州の要人を警護する機能は州警察に属する。

3点目は「特殊な警察活動」である。たとえば爆発物の取り締まりであるとか、広域な麻薬犯罪、ギャング集団との対決、国内テロ、船舶や航空機を使った犯罪といったレベルになると、小規模な市町村の警察では対応ができない。そうした場合は州警察の出番であり、各州警察ではそうした「専門チーム」を用意している。たとえば、重火器で武装した凶悪犯と対決するためには、武装した専門集団「ＳＷＡＴ」というチームが必要となる。この州レベルの「ＳＷＡＴ」については、州によって規模はマチマチであるが、訓練された専門チームを用意している場合が多い。

ちなみに、大都市になると市警察が「ＳＷＡＴ」を持っている場合もあり、アメリカの警察官の世界では「軍隊以外で最強のＳＷＡＴはＬＡＰＤ」だと言われている。つまり各州にもＳＷＡＴがあるが、それ以上にロサンゼルス市警のＳＷＡＴは強いのだそうだ。もっともカリフォルニア州の場合は、一つの州だけで日本とほぼ面積が同じという広過ぎる規模、そして州政府が慢性的な財政危機に陥っているために州警察の機能は制限されている。カリフォルニア州の州警察の中には一種の特殊部隊としてＳＳＵというユニットがあるが、もっぱら州刑務所の管理業務が主であって凶悪な武装グループと対決する能力はない。その分、大都市の場合はロサンゼルスなど市警察が頑張らないといけないというわけである。市警察レベルのＳＷＡＴとしては、ニューヨーク市警（ＮＹＰＤ）の特殊部隊も相当の能力を持っていると言われている。

市町村の警察と州警察の連携

市町村の警察と州警察がそれぞれ独立している中では、お互いの連携というのが必要になってくる。具体的には、人口が数千人しかなく、したがって地元の町の警察には数名の警察官しかいないような町で、深刻な事件が起きた場合だ。たとえば、街に1軒しかない銀行に強力な連射ライフルで武装した強盗が押し入って人質を取り籠城、そんな事案になると町の警察ではとても対応できない。こうした場合には、州警察が出動し、仮に犯人側の武装が相当な火力を持ち、警察側も対抗する必要があるような場合は州警察のSWATチームが出るというようなことになる。

また、たとえば工場で爆発事故が起きたとして、その被害が隣町にも及ぶとか、その爆発について事件性が疑われる中で科学的な解析が必要だが、地元の警察消防ではとてもも対応はできない、そんなケースも州警察の出番である。

アメリカでは日常の生活の中で、自然の中の過疎地や大農場ばかりの大平原などは別として、小都市や都市の郊外であっても警察や消防のサイレンの音を聞くというのは珍しくない。その場合に、地元の警察の車両に加えて、消防車、ＥＭＳ（救急隊）に属する救急車などが疾走していくのはある種、見慣れた光景である。だが、そこに、普段は高速道路でしかお目にかからない州警察の車両が混じっているようだと「これは相当規模の大きな事件が起きているのかもしれない」という印象になる。

州兵はあくまで「軍隊」

州のレベルで言えば、州警察とは別に州兵（ナショナル・ガード）という組織がある。こちらは、現在の位置づけとしては完全に軍隊であって警察ではない。各州に置かれた州兵は、州警察を応援するというよりは国防総省が統括する連邦軍を補完する役割が主となっているし、多くの州で陸軍と空軍を持っており、活動も装備も立派な正規軍だからだ。たとえば２０００年代に発生した反テロ戦争で、アフガニスタンやイラクへ派兵された兵士の多くは、最初は州兵として徴募され、その後に陸軍などに編入されて戦地へ送られている。

したがって、この州兵については本書では詳しく扱うことはしない。ただ、歴史的には、各州で州警察という組織が整備されたのは20世紀に入る頃、つまり西暦1900年前後であり、それまでは州レベルの治安維持を担っていたのは州兵であった。またそのルーツは、独立戦争時代の「民兵（ミリシア）」である。アメリカという国は、英国の植民地において英国による徴税権を嫌って起こした反乱がルーツである。その反乱に勝利したことで生まれたのがアメリカという国だが、独立戦争を戦った各植民地の主力はそうした民兵組織であった。独立間もない頃は、各州の治安維持はこの民兵組織が発展した州兵が担当していたのである。

州警察というものが整備されたのは1900年前後であり、日露戦争の講和仲介で有名なセオドア・ルーズベルト大統領などが主導して行われた。

警察と州兵が連携する場合

では、州警察が整備された現在、各州の州兵というのは完全に連邦軍の予備的な位置づけなのかというと、必ずしもそうではない。まず、ハリケーン襲来、大震災、大洪水といった大規模な自然災害となると、その州の地元の州兵の出番である。想定される災害の規模が大きい場合には、住民に強制退去を命じつつ、整然と大規模避難を実施しなくてはならない。そうした場合は知事が直接指揮をして、州兵、州警察、地元警察が連携して住民の保護に当たる。

もう一つ、州内の治安維持活動も州兵の任務とされる。だが、州兵が州民に対して銃口を向けることへの抵抗感は非常に強い。２０２０年夏に人種差別に反対するデモ活動が全国で激化した際には、各州で治安維持のために州兵が動員されたが、どの州でもそうした活動には批判が多かった。たとえば、カリフォルニア州では州警察の装備と要員が薄いこともあり、市警察を支援するために州兵の投入が積極的に行われたが、これには厳しい批判が浴びせられたのである。

州兵組織の変わり種としては、州防衛軍（ステート・ミリタリー、またはＳＤＦ）というものもある。これは、州兵組織がどんどん連邦軍に統合される流れの中で、州独自の軍隊として独自に残ったものである。したがって、軍隊であるが、国からの予算はゼロ、その代わりに国の戦争に参加することもない。ただ、全部の州に設置されているわけではなく、SDFが活動しているのは約20州程度である。

たとえばテキサス州は元来が「テキサス共和国」という独立国であったので、独立国当時の民兵組織がSDFとして残っている。またアラスカ州は国境の守りと、極寒地における住民保護のために、SDFが発達している。ただし、このSDFというのは、基本的には州民のボランティアであり、制服や装備は隊員が自費で購入するし、特に入団審査はないことが多く、その代わり火器による武装や武器使用の訓練も行わないことが多い。

さらに変わり種としては、SDFを名乗らず、今でも独立戦争当時のように民兵（ミリシア）を名乗る組織を持っている州もある。

たとえばニューヨーク州は、沿岸警備、海上や大河川、湖沼のパトロールを行うボランティア組織として「民兵海軍組織（ネーバル・ミリシア）」を有している。こちらはパトロール用の高速艇などを有しており、かなり本格的な組織だ。だが、主として連邦海軍、州兵海軍の予備役編入した軍人がメンバーとなっており、彼らのノウハウを海上警備に活かすのが目的となっている。

保安官とは何か?

各レベルの警察、そして州レベルの軍や民兵の他に、保安官（シェリフ）という制度がある。保安官というと、それこそ開拓時代の西部における各開拓地のガードマンであり、法律が整備されていない中で、無法者に対しては実力行使をしてその場で射殺、などというイメージがある。歴史的にはこうしたイメージは間違いではない。

この保安官であるが、その起源としては英国の地方自治制度があり、そこで生まれた各市町村の独立した護衛官というのがアメリカの植民地に導入されて、やがてアメリカ流に発展したものだ。特に開拓時代のフロンティアでは、治安維持からコミュニティの内部の調整まで一人で何役もこなす保安官というのは重要な存在であった。また、アメリカ原住民との抗争が続いた西部などでは、保安官が原住民との戦いを指揮したという歴史もある。

だが、現在の保安官というのは、さすがに開拓時代の超法規的存在ではない。では、警察と保安官はどう違うのか、そして現在のアメリカにおける保安官の役割は何かというと、これがまた千差万別である。

まず、警察と保安官の大きな違いは、警察はどの州でも必ずあるが、保安官は消滅した州もあるということだ。具体的にはアラスカ州とコネチカット州には保安官は存在しない。アラスカ州がロシアから購入されたのは19世紀だが、発展したのは20世紀に入ってからであり、すでに法律が整備されていて開拓時代のカルチャーが消えていたということ、そして極寒の国境地帯ということから州兵組織が強化されたことで、反対に保安官は置かれなかった。コネチカットの場合は、保安官の置かれる単位としての「郡（カウンティ）」政府の機能がそもそもなくなったために、保安官も消滅している。

州の単位でいえば、残りの48州には保安官が置かれているが、保安官組織が全州をカバーしているわけではない。州の一つ下のレベルに当たる行政区画は「郡」で、多くの場合はこの郡単位で保安官が置かれるのだが、保安官のいない郡というのも全米にはたくさんある。

保安官は直接選挙で選ばれる

次に、保安官の特徴は公選によって選ばれるということだ。警察のリーダーである署長（チーフ）や警視総監（コミッショナーなど）が公選ではなく、首長によって任命される政治任用である一方で、保安官はとにかく直接選挙で選ばれるのが通例である。

多くの州の場合は、各郡に「郡保安官事務所」というのがあり、その長である郡保安官（カウンティ・シェリフ）と、郡次席保安官（デュプティ・カウンティ・シェリフ）の両名を選挙で選ぶケースが多い。これは開拓時代の名残りであり、あくまで保安官には住民が直接信頼する人物を選びたいという考え方から来ている。

保安官の任期は多くの場合4年であり、その選挙は大統領選挙と同時に11月に行われることが多い。中には任期2年という場合もあって、こうした州の場合は多くの場合に大統領選のときも中間選挙のときも保安官選挙が行われることとなる。ちなみに私の住んでいるニュージャージー州はどういうわけか任期が3年と中途半端な期間となっており、そのために大統領選や中間選挙と重ならず保安官選挙だけが行われる年があったりする。

現代における保安官の役割

さて、現代の保安官の役割だが、役割の狭い場合から広い場合までだいたい次の３段階があるとされている。

まず、ほとんどの州では「裁判所の権限行使」というのは保安官の仕事となっている。法廷の警備、被疑者の勾留と護送など州レベルや郡のレベルにおける刑事裁判の支援に加えて、全米の多くの州で行われているのは民事法廷の命令を実行する機能だ。つまり、破産が決定した場合に決定に基づいて財産を差し押さえるとか、差し押さえた財産を競売にかけるといった実務であり、これは保安官が行う。アメリカの新聞では囲み広告で「シェリフ（保安官）のセール」という告知を見ることが多いが、これはバッジなど「保安官グッズ」を売っているのではなく、保安官が裁判所に代わって実施する「競売の公告」なのである。警察組織の発達した東部などでは、保安官の機能はこうした裁判所関係の実務に限定されている。

あとは、州立公園などの公園管理を保安官が担当しているケースもある。国立公園の場合は国（連邦）の組織として国立公園警察（ＵＳＰＰ）があり、「パーク・レンジャー」という専門職が管理と治安維持を行っており、社会的な存在感がある。これに対して、州や市町村の持っている公園の管理においても、警察官がパトロールしていては「コワモテ」であるし、また公園管理には治安維持の能力に加えて、動植物や気象などの知識も必要ということで、保安官がその任務に当たることがある。

一方で、西部を中心に警察組織が未発達の場合は「フル・サービス」の保安官、つまり自治体の中での治安維持、犯罪捜査から交通取り締まりまで、警察活動の全てを保安官が担当している場合がある。

では、開拓時代のように保安官が情状酌量をしたり、超法規的に容疑者を射殺したりしているかというと、まったくそうではない。現代の保安官は、国の憲法と州憲法、州法に基づく存在であり、その点においては都市部の警察とまったく同じである。ただ、制服の色が警察の象徴である濃紺（ブルー）ではなく、薄茶（カーキ）であること、警

任務に当たる保安官。制服の背中には「SHERIFF」の文字が入っている（写真：AP／アフロ）

察の制帽ではなく、カウボーイハットをかぶっているということで見分けがつく。

また、保安官が治安維持を担っている場合には、パトロールカーに当たるものは「ポリスカー」ではなく「シェリフカー」であるし、そのクルマには「シェリフ」と大きく書かれている。一番の違いは、トップと副長が公選で選ばれていることだが、それに加えて、保安官組織の場合は一部に市民のボランティアを自警団として組織して傘下に入れるなど、歴史的経緯から来る特徴もある。

一部の州や郡ではその中間というのもある。つまり、保安官の主たる任務は裁判所の命令を実行する実務が主だが、一部のパトロールについては保安官が行うというケースだ。たとえば、通常の警察活動は警察が担当しているが、特別な警備の必要な刑務所の周辺は保安官が警備をしているとか、民間の施設でも水道設備とか発電所などは保安官が守っているというケースである。

また、同じ郡の中でも大きな町にはフルサービスの警察があるので、保安官はそれ以外の町村の警察機能だけを担う、つまり郡の保安官だが郡全体は管理していない、そんな分担をしているケースもある。ごくまれなケースとしては、検視官事務所がない山間部などで、郡の保安官事務所が検視の任務にあたっている郡もある。

ということで、現代のアメリカ社会における保安官というのは、ある意味で「ニッチ」的な存在である。都市部では裁判所の警備と競売だけを担当し、西部では自治体警察のコンパクト版ということで、アメリカという国の中での存在感は大きくない。特に東部を中心とした大都市圏では、あまり目にすることはない。

保守カルチャーを代表する保安官

その一方で、保安官というものが「保守カルチャー」の代表となっているという面はある。たとえば、２０１６年にドナルド・トランプが共和党の大統領候補に指名された際の共和党大会では、２名の保安官が登壇してスピーチを行った。一人はウィスコンシン州ミルウォーキーのデビット・クラーケという保安官で、演説の内容は当時はまだ大規模なデモとはなっていなかった「黒人の生命の尊厳運動（ブラック・ライブズ・マター）」に対抗して「警察官の生命の尊厳（ブルー・ライブズ・マター）」というスローガンを訴えるものだった。

クラーケは、保安官なので制服はカーキ色なのに、警察官の制服の色である「ブルー」を守れというのは奇妙と言えば奇妙であるし、そもそもミルウォーキー市の保安官というのは、第一の仕事が競売の実施で第二は公園管理という典型的な都市型保安官である。したがって、人種が絡む難しい警備事案などとは、あまり関係はないのだが、要するにトランプは保安官の持つ「保守イメージ」を利用したのであった。

もう一人は、より有名なジョー・アルパイオというアリゾナ州マリコパ郡の保安官（当時）である。アルパイオは、１９９３年から２０１７年にかけて24年間も同郡の保安官であったが、その間に人権を無視した移民の取り締まり、劣悪な刑務所環境の放置といった問題を起こし、そのたびに自己弁護を繰り返すというスキャンダラスな人物であった。特に不法移民を鎖でつないで強制作業をさせたり、屋外のテントに収容して刑務所の代わりにしたりといった施策は、アリゾナ州の地元では大問題になった。トランプはそのアルパイオが保守層に人気があるのを政治的に利用して、この党大会で演説させたばかりか、落選して離職後に起訴されていたアルパイオの恩赦もしている。

アルパイオは、保安官としてはかなり著名になったが、その職務であったマリコパ郡の保安官というのは、郡の中核都市であるフェニックスとユマという大都市には都市警察があるので所轄外であり、それ以外の中小の自治体から委任されて治安維持活動を行うという限定的な存在である。

コロナ禍でも「反アメリカ的」に反発する保安官

２０２０年に発生した新型コロナウィルス感染拡大においては、自宅待機命令（ロックダウン）などの実施に強制力を持たせることが各州で検討された。

たとえば、私の住むニュージャージー州では、数百名規模の結婚式や葬儀が行われるという情報が寄せられると、警察が出動して解散を命ずるというような事件が数多く発生した。だが、冠婚葬祭や宗教行事、あるいは家庭内の活動を規制するために警察が出動するということへの抵抗感はアメリカ社会には根強くある。

そこで、２０２０年11月の感謝祭休暇において「３家族以上が集合するパーティーは禁止」という政令を出したニューヨークのアンドリュー・クオモ知事はニューヨーク州全州の、それぞれの郡にいる保安官に、その政令の執行を命じた。つまり感謝祭の日に、多くのクルマが駐車されている家には保安官を突入させてパーティーの解散を執行させようとしたのである。

だが、多くの保安官はこれを拒否した。大家族や友人が集まって感謝祭を祝うのはアメリカの伝統であり、いくらコロナ禍であっても自分たちが各家庭に踏み込んでこれを規制するのは「反アメリカ的」だというのである。保安官たちはあくまで強硬であったので、結局、クオモ知事はこの政令の施行を事実上断念させられた。その結果としてニューヨーク州は感謝祭休暇の数日後から激しい感染拡大を起こして多くの死者を出すこととなった。

同様に、感染拡大の悪化した2020年12月のカリフォルニア州では、ガビン・ニューサム知事が「クリスマスへ向けて他家訪問の全面禁止」「生活維持に必要な行動以外の外出禁止」を打ち出し、その執行を各郡の保安官に命じたが、これも各保安官からの猛反発を買っている。

コロナ対策における「強制」について保安官が知事の命令に従わないのは、彼らが「保守カルチャー」つまりアメリカの場合は強制を嫌う自主独立の姿勢を持っているということもあるし、何よりも保安官というのは地元の自治の象徴だということもある。州知事の命令で右へ左へと動くのが保安官ではないというわけだ。

また、それ以前の問題として、とにかく公選制であるので、住民に嫌われると次の選挙で落ちてしまうということもある。反対に、知事の側ではホームパーティーの取り締まりに警察を導入すると、その「コワモテ」なイメージから自分にとって政治的にマイナスになるが、地域の選んだ保安官なら穏便に進めてくれるという期待があったのかもしれない。

そんなわけで、現代の保安官は、実際の職務権限は大きくないし、その存在自体が、一種の歴史的な「遺物」ではある。その一方で公選で選ばれる存在であり、また保守カルチャーを背負った存在ということでユニークな位置づけにあるとも言える。またその職務や任期が州により、場合によっては郡によって千差万別ということは、アメリカの警察組織をさらに多様にしていると言っていいだろう。

柔軟性のある役割分担

各州のレベルを見ただけでも、アメリカの警察とその周辺にはさまざまな組織が入り組んでいることがわかる。

たとえば、深刻な犯罪や大規模な事故、災害が発生した場合には、市町村の警察、消防、州警察、さらに場合によっては州兵や州防衛隊、民兵組織などが連携して行動することになる。加えて、保安官という「ニッチ」な存在もある。

そうなると、「船頭多くして船丘に登る」という諺のように、往々にして意思決定が遅れたり、組織の動きが混乱する危険がありそうに思える。だが、アメリカではそうした懸念というのはあまり聞かれない。組織がここまで入り組んでいるのに、どうして現場が回っていくのかというと、そこには3つの理由があると考えられる。

1つは、役割分担だ。たとえばスピード違反の取り締まりにしても、どの区間は町の所轄、どの区間は州警察の所轄というように取り決めがある。また、その取り決め自体、現実を踏まえた柔軟性を持たせていることが多い。先述のスピード違反であれば、追尾した車両が逃走したとして州境を越えても、逃げ切れないことがある。州間で協定を交わしておいて、州警察の車両が隣州に侵入しても取り締まり活動が可能になっている場合があるからだ。

重大事件の場合、たとえば不審な爆発物が仕掛けられている可能性があって、その危険性の評価がある基準に達した場合には州警察の処理班が出てくるとか、もっと深刻だと州兵の処理班が出てくるなどの取り決めがされている。取り決めだけでなく、実際にそのように組織を超えた運用と連携についての訓練を行っている州も多い。

組織同士が〝対等〟だという意識

2つ目は、いい意味で組織が対等だという意識である。大きな事件になって、町の警察では手に負えずに州警察が出てきたとする。町の警察と州警察では、州警察のほうが格上という考え方は、アメリカでもある。では、町の警察としては州警察が来たから完全にそちらへ投げて終わりかというと、そういうことはない。反対に、州警察が威張って、町の警察官をアゴで使うということでもない。土地勘のない大組織の長が、的外れな指揮をして、現場はこれを冷笑するといった事態もあまり聞かない。組織上は州警察が上だが、あくまで現場とは対等でお互いに胸を張って仕事をするというカルチャーがある。

日本の場合では、たとえば規模の大きな事件になると所轄署から県警本部が指揮権を取り上げて捜査本部を設置する。事件が深刻になれば、より上位の部長クラスが捜査指揮を取るというように、縦に組織が拡大していく。

だが、アメリカの場合は状況が深刻になると、さまざまな専門チームが集まってくる。その場合に、現場は初動からの経緯という情報提供をしつつ、土地勘があるのでチームへの支援を続ける。州から来たSWATなり科学捜査班などは必要に応じて活動するといった形で、お互いが対等な形で組織を横に広げていくことになる。そして、アメリカ人の気質のためもあって、そうした寄せ集めの横広がり組織が、ちゃんと機能するのである。

大きな事件が起きて、事件への対応や捜査の状況などに社会的な関心が高まっている場合には記者会見が行われる。その場合に、多くの組織が参加して複合チームが動き出すと、それぞれの代表が集まって合同会見を行う場合が多い。ある程度の警察関係者になるとテレビ向けの会見ということでは場離れしていることもあり、町の警察にしても、州警察にしても順番にそれぞれの持ち場からの情報公開を比較的スムーズに行う。

これはフィクションだが、１９９０年代にアメリカでも日本でもヒットした犯罪ドラマ『ツイン・ピークス（デビット・リンチ監督）』では、西部ワシントン州山間部における謎の殺人事件が描かれる。カイル・マクラクランが演じて人気となった主人公のクーパー捜査官というのは、ＦＢＩつまり連邦（国）の捜査官であり東部ペンシルベニア州のフィラデルフィアから派遣されているという設定だ。これに対して地元の側は保安官事務所が対応しているし、保安官事務所と重なる形で自警団もある。

このレベルの事件でＦＢＩが登場するというのは荒唐無稽であり、いかにもフィクションである。だが、国のＦＢＩと地元の保安官事務所が連携していて、組織としても個人としても関係は良好に描かれている。この作品の場合は、それとは別に地元のコミュニティには「闇」が隠されているという設定だが、それはそれとして、国の機関であるＦＢＩと地方の町の保安官事務所の間には、特別な縄張り争いや、面従腹背ということはない。実は、現在のＦＢＩは地方の自治体警察から相当に嫌われているという問題があるが、それは別として、一般的に保安官事務所や自治体警察が、他の組織と連携を取って共同捜査をする場合は、期間限定のチームワークは円滑に進むことが多い。

自治体首長のリーダーシップ

3点目は、州知事など首長のリーダーシップが強いことだ。これも日本とはまったく異なる。前述したように、日本の警察は一つであって都道府県警察も中央政府の国家公安委員会の統制下にある。だが、アメリカの場合は州警察も州兵も州知事の権限の下にあり、州知事はその最高指揮官と位置づけられている。市町村であれば、その首長の権限はやはり強く、警察組織はこれに従うことになっている。

したがって、危機管理の局面になると、首長がリーダーシップを発揮することになる。そこでマネジメントを成功させるかどうかというのは、住民の強い関心事項であるので、首長が選挙に勝ち続けたいのであればとにかく必死にやるしかないのである。

そのために悪く言えば政治的パフォーマンスに陥るというケースもある。たとえば、人種を巡る警察不祥事問題では、ニューヨークのビル・デブラシオ市長は自己流の解決案に固執することで、ニューヨーク市警と対立を続け、混乱が続いた。この問題では、たとえばオレゴン州のポートランドにおけるデモ隊と右派の暴力集団の対立が起きたが、ここでは知事、市長が結束して警察と連携してデモ隊の保護に注力している。

いずれにしても、州と地方など警察機構がバラバラに独立しており、一方で民兵があったり州兵がいたり、あるいは保安官があったりと地方レベルだけ取っても、アメリカの治安維持体制というのは複雑に入り組んでいる。けれどもその連携ということでは、首長のリーダーシップの下で自発的に動けているのは事実だ。

ゆえに州の中で、各市町村の警察を州警察の傘下に入れるとか、州兵や民兵の組織を改組して州警察に一本化すべきだという議論は少ない。とにかく、個人が、そして個々の組織が独立していて、一旦緩急ある時は自主的に集まってチームを組んで対応するというカルチャーが根付いており、それが地方自治の精神としてアメリカ合衆国という国の骨格になっているのだ。

警察官になるための道のり

各自治体警察から州警察、そして保安官に公園警察、大学警察とアメリカの警察にはさまざまな種類があるが、警察官になるには専門的な訓練を経なくてはならない。つまり日本で言う警察学校での学習である。アメリカでは一般的にこうした学校を「ポリス・アカデミー」と言っており、社会的にもその存在は著名である。

原則としてこのポリス・アカデミーというのは、各州が設置している。つまり州立の教育機関ということになる。場合によっては州のひとつ下のレベルに当たる郡が設立していることもあるし、ニューヨーク市のNYPD、ロサンゼルス市のLAPDのように極めて大規模な市警察の場合は、自前のポリス・アカデミーを持っているケースもある。

このポリス・アカデミーへの入学方法だが、2通りある。1つは、日本と同じように、まず警察官への任官試験を受けて合格した人間が入学して訓練を受けるという場合だ。NYPDやLAPDのアカデミーはこの制度を採用しており、警察官募集のリクルート活動と一体となって運営されている。

したがって、アカデミーで訓練中の期間もすでに公務員として任用されているのであって、授業料が免除されるだけでなく、反対に給与が払われる。たとえば、LAPDの場合は、初任の年俸は約5万9000ドル(約600万円強)であり、アカデミー入学の初日から払われる。各州の州警察の場合も同じように、まず公務員として任用した後に有給のトレーニングとしてアカデミーに行かせるようになっているケースが多い。

もう1つは、自費で通学するという場合である。こちらもいろいろあって、州立の警察学校にまだ任用されてない若者が自費で入学する場合、州立や郡立の教育機関に警察官養成コースが併設されている場合、それから民間の各種学校のようなもので警察官になるための学習ができる場合などがある。

一例を挙げると、ニュージャージー州の場合は、各郡に設置されているコミュニティ・カレッジという2年制の短期大学に警察学校が併設されている。このコミュニティ・カレッジというのは、全米にある制度で基本的には住民であれば無試験で入学できる。主要なコースとしては2年間の間に大学の教養課程にあたる科目の単位を取り、その成績がよければ公立大学などの3年生に編入することができる。

その他には、単位取得の縛りではなく資格取得を目指すコースや、純粋な教養講座なども併設されている。学費が安いので経済的な理由で進学するケース、または高校生時代に統一テスト（SATなど）との相性が良くなく4年制大学進学を諦めたケースなど、さまざまな学生が集まる。そのコミュニティ・カレッジの一部門として警察学校が置かれている。

コミュニティ・カレッジは無試験だが、この警察学校についてはさすがに適性検査はある。また読み書きと数学の能力検査もあり、それをパスした人間が入学できるが、ニューヨーク市やロサンゼルス市のアカデミーのように、任用してからの訓練ではないので、学費は自前だ。また、幅広く入学させて後に、ある程度は脱落を想定している設計であるから、モチベーションや基礎能力についてもさまざまな若者が来るようだ。

したがって、同じコミュニティ・カレッジの中でも警察学校についてだけは、厳しい「校則」がある。制服制帽や備品はロッカーにしまってから帰宅せよとか、プライベートの時間にケンカの仲裁など警察官気取りの行動をしてはならない、など事細かなルールが定められている。また警察学校の生徒はキャンパス内の所定の位置に駐車しなくてはならず、また車内が外からよく見えるようにせよという条項もあり、麻薬使用などの用品や武器などを所持していないか、持ち物チェックが行われるという。つまり、そのような「校則」で取り締まる必要があるぐらい広範な裾野から人材を集め、教育の過程で職務への適格性のある者に絞り込んでいくというわけである。

警察学校の格差

同じ警察学校でもさまざまな形態があるわけだが、社会的に問題となっているのがその格差である。たとえば、卒業までの所定の訓練時間数は、州によって差があり最大で800時間、最低で320時間と幅がある。そもそも800時間でさえ十分ではないわけで、経費削減を言われる中でここをどう改善するかは各州の課題となっている。中には、警官になるための訓練時間が、その州の理髪師免許のための訓練時間より短いとして、批判されている州もある。

この「卒業」というのには特別な意味がある。アメリカでは、警察学校の卒業資格(サーティフィケーション)というのは、警察官となるための免許としての効力があるからだ。その一方でこの「サーティフィケーション」を出すのは各州の警察学校であるから国家資格ではないのだが、各州相互でそれぞれの「サーティフィケーション」の効力を認め合っている形となっている。

そこで、各州での訓練内容について「ＰＯＳＴ（ポリス・オフィサー・スタンダーズ・アンド・トレーニング）」、つまり警察官に要求される能力水準と訓練内容のガイドラインを設けようという動きがある。だが、実際にＰＯＳＴというガイドラインを作って、これを根拠に卒業の認定、つまり「サーティフィケーション」を出している州は50州の半分にも満たない。

たとえば、銃社会であるアメリカでは、この警察学校のカリキュラムの一部として、射撃訓練と射撃の実技試験を各州で実施している。だが、多くの州では教官や施設が不足しているということもあり、実際の銃撃戦を想定した訓練や試験が行われているケースは少ない。また、州によっては射撃の実技試験に落第しても、全体の点数が良ければ卒業ができてしまい、警官になれてしまう。銃規制の厳格な州では、仮に任用されても試験にパスするまでは銃の携帯はできないが、銃規制のゆるい州では民間人でも銃が持てるので不合格のまま銃を携帯して現場に配属されるということも起きうる。

ちなみに、正規の州立の警察学校の場合、高卒あるいは高卒に準じる場合は履修時間

ニューヨーク市警の警察学校卒業式の様子（写真：ロイター／アフロ）

が多く、大卒の場合は少ない。これは数学や法律などのカリキュラムが異なるためだが、この点は日本の警察学校に似ている。

警察から警察へ転職できる

自治体警察、つまり市町村の警察の警察官になる場合には、州（または郡）の設置した警察学校、あるいは大都市の市警の設置した警察学校を卒業して「サーティフィケーション」を獲得し、そこで正規の警察官になる。この「サーティフィケーション」はとりあえず全国共通ということになっている。したがって、ある州で警官になっていた人物が、家族の事情などで他の州に引っ越す場合には、「サーティフィケーション」は有効ということになる。もちろん、前述したようにその「サーティフィケーション」の中身、つまり訓練の量や質については州によって異なるので、採用の際には「良い人材かどうか」を見抜くのも署長（チーフ）などの腕の見せ所となる。

いずれにしても、アメリカ社会では終身雇用というのは事実上消滅している反面、労働市場というのはオープンに機能している。そのため、ある警察を辞めても、別の警察で採用されるということは普通にあるし、実際に多くの警官はより好条件の職場を求めて転職する。ちなみに、この「警察官資格（サーティフィケーション）」というのは、州によっては他の専門職免許との汎用性があり、この資格を持っていると刑務官や保護司の資格を兼ねている場合がある。

キャリアの重ね方

では、具体的に警察官はどのようなキャリアを重ねていくのかというと、これも千差万別である。まず警察官として未経験者を初任任用する場合だが、「サーティフィケーション」を獲得してから就職活動して採用されるというケース、まず採用して公費で警察学校での教育を受けるケースに加えて、パートタイムから入るという場合がある。このパートタイムの警官は、一般に「SLEO（特別警察官）」などと呼ばれる制度で、ニュージャージー州など自治体が財政難に陥っている場合には、各地方自治体が採用している。

このニュージャージー州のSELOであるが、クラス1から3まであり、クラス1の場合は「サーティフィケーション」がなくても任用する。つまり有給のインターンのようなもので、ここを経験することで警察学校への入学の可能性が高まるなどの理由から応募する層を狙っている。時給は12ドルとか14ドルということで、ほとんど最低賃金である。一方で、フルタイムの場合は初任で年俸4万5千ドル、サーティフィケーションを持っている場合は5万ドルあたりがニュージャージーでは相場だ。

ところで、こうした警察学校というのは州が設立しているケースが多いが、基本的には市町村の自治体警察の警察官を養成する機関である。

これに対して、州警察はどちらかと言えば大卒の公務員という性格が強く、大学で公共サービスや刑事法制を専攻した人間を採用して独自の訓練を施す。大学院卒の場合もあり、ＭＰＡ（公共サービス修士）などは歓迎されるし、一種の幹部候補生とみなされる。したがって、これも州によるが、州警察の警察官には「サーティフィケーション」を要求しない場合もあり、反対に「サーティフィケーション」を持っていても、それだけでは州警察の警官にはなれない。

警察官でなくても署長にはなれる

ところで、これは組織論として興味深いのだが、公選の保安官、管理監督者であり首長が政治任用する各警察署長などは「サーティフィケーション」は要求されない。つまり、警察署において、署員は全員「サーティフィケーション」を持っているが、署長だけは持っていないということが起きうる。また、警察官でない人物を、市長が警察署長に任命することも可能である。

これには2つの理由がある。1つは、アメリカにおいては管理職というのは「管理監督という専門職」という考え方があるからだ。現場の仕事で有能な人間に対して勤続の「ご褒美」として管理職に昇進させても、そこで要求されるスキルは異なる、したがって管理職になる人間は、別に採用するという方法だ。たとえば、野球の大リーグの監督というのは、知名度のある名選手が引退後に就くケースは少ない。そうではなくて、大リーグのレギュラーにはなれなかった、つまりプレーという意味では一流ではなかった人材が、マイナーのコーチや監督などを振り出しに「頭脳」を鍛え、指揮の経験を重ねて最後はメジャーの監督になることが多い。

ビジネスの世界でも同様であり、技術開発や営業で成果を上げた人物を管理職に抜擢するというケースは少ない。管理職になるには、専門の教育、つまり「経営学」を学んだ人間を採用してくる。いわゆるＭＢＡ（経営学修士号）がこれである。警察の場合も同様で、署長というのは「現場叩き上げ」から選ぶのではない。

もう1つの理由は、警察のトップというのは政治任用ということだ。つまり、市長選挙において警察の人事というのは十分に争点になりうる。たとえば、治安が悪化して銃撃事件が増えて市民の犠牲も発生して社会問題になったとする。そうした場合には、その市長に対して野党候補は、警察人事を厳しく糾弾して選挙戦をやる。仮にその野党候補が勝ったら、公約を実行するために有能な人物を他から引っ張ってきて、いきなり警察署長、あるいは大都市の場合は警察総監に据えるのである。そうしてトップダウンの改革を行う。

その場合に、民意が市長を選び、その市長が警察総監を選ぶという形で、政治任用を行うことで民意が反映され、民主的な地方自治が機能するということになる。その際には、署長あるいは警察総監となる人物は、適切な人材であれば「サーティフィケーション」のない、したがって現場の警察官ではない人物でもいいということになる。政治任用、つまり民主的な手続きでの民意の反映した人事ということが優先されるのである。その場合には、常識的には大学や大学院で刑事法制や犯罪心理を学んだとか、あるいは公共サービスを学んで地方官庁における管理職経験があるといった条件はつくことが多い。

ただ、中小規模の警察の場合は、そうは言っても署長自身が捜査の前線に立ち、場合によっては容疑者との格闘や銃撃戦の現場に立つこともあり得る。そうした場合は、政治任用された署長でも州で定められた規定の「ポリス・アカデミーでの訓練」が義務付けられている場合もある。

中には、大学院で公共サービスの修士号（ＭＰＡ）を取得して、その上で院卒資格で中規模の都市の警察官に任用され、24年間現場の警察官として勤務した後で、一種の叩き上げとして市の警察総監に任用されるというような例もある。後に、民主党の下院議員となって２０２０年にはバイデンの副大統領候補にも取り沙汰されたヴァル・デミングス氏がこのケースである。彼女の場合は先に修士号を取っていたこともあり、制度的にはないものの、一種のキャリア警官的な立ち位置をキープしたことと、黒人女性という属性もあって、フロリダ州オーランド市の警察総監まで上り詰めた。

一方で、後述する国（連邦）レベルの警察組織、つまりＦＢＩやＡＴＦなどの職員の訓練については、それぞれの組織が自前でＦＢＩアカデミーなどの訓練機関を保有している。全ての職員は大卒以上であるし、各州の「サーティフィケーション」は意味をなさない。

警官に採用された後の教育訓練については、昇進昇格に絡んだ研修制度を設けているケースは多い。この点は日本の警察と同様だ。また銃社会ということで、射撃の実技については毎年試験があってそれをクリアすることが求められる州も多い。だが、たとえばペンシルベニア州の場合はその要求レベルは「何種類かの距離を置いて静止した標的」を撃つ試験だけであり、しかも3つのセッションいずれも命中率75%で合格という緩いものだという。つまり試験にパスしても、護身という意味でも積極的な治安確保という意味でも実戦に使える技量とはならないというのである。

つまり、現場で勤務している警官に取っては、制度が保証する研修や試験だけでは、現実には対応できないという問題が出てくる。自分はSWATではないが、万が一の場合には銃撃戦に対応しなくてはならないかもしれない、そうした不安を持つ警官は多い。また、銃器、特殊警棒、防弾チョッキ、さらにはさまざまなハイテク機器について、自分なりの知識を持ちたいという警官も多い。最新の犯罪トレンド、最新の法規トレンドなどの情報収集も必要だ。また転職を目指す警官も多いので、履歴書の書き方とか、実際の採用情報なども飛び交っている。

そこで、アメリカの警官の社会では「警官向け雑誌」や「警官向けポータルサイト」といったものが発達している。「警察何でも百科事典」というような出版物も何種類かある。また、反対に警官を雇ってマネジメントをする警察署長（ポリス・チーフ）については、数も多いし、彼らなりに必要な情報が別にあるため「署長向け雑誌」などもある。

また、警官を対象としたコンサルタント会社が民間で研修サービスを行うということも、現在流行している。法律や金融など知的犯罪への捜査知識、あるいはサーバー犯罪への対抗などハイテクの知識を教えるコースに始まって、実践的な銃撃戦の訓練までさまざまな警察官向けコースが民間ベースで行われている。こうした民間の研修には、理解のある警察署長であれば公費で行かせてくれる場合もあるし、警察官が自費で行くこともある。自費で行くのは研究熱心ということもあるが、研修履歴を重ねることがより良い転職につながるという現実的な理由もある。だが、公的な警察学校においてすらピンからキリまで千差万別であるアメリカでは、こうした私的なスクールにもさまざまなバリエーションがある。

退役軍人が警察官になるケース

警察官の人事ということでは、賛否両論となっているのが退役軍人の扱いだ。軍に志願して一定の年数勤務し、名誉除隊した後のキャリアコースとして、警察官になるというケースは意外に多い。一部の統計では、全国の警察官のうち19%が退役軍人という数字もある。退役軍人が警察官になるには、特に警察学校の「サーティフィケーション」を取ることは必要とされないことが多い。「COP」というプログラムを経て、市町村の自治体警察の警官になるコースもあるし、退役軍人警察という連邦の職員となってFBIなどの連邦警察のキャリアを目指すコースもある。

こうした軍出身の警察官については、優秀な人材を中心に採用されており、戦力になっているという評価がある一方で、PTSDへの懸念など批判も多い。特に2009年から16年のオバマ政権時代には、経済不況の中でイラク、アフガンからの帰還兵を積極的に警察官に転身させる政策が取られており、以降は全米における警察官の任用において、軍出身者が増加している。この点については今でも賛否両論がある。

第2章　FBI

連邦の警察は歴史が浅い

各州、各市町村の自治体警察とはまったく別の存在として、連邦の警察がある。自治体警察の場合は、開拓時代の自警組織が保安官組織になったり、警察組織として発展して現在に至っているわけだが、連邦の警察は歩んできた歴史が異なる。どの組織も比較的新しいし、それぞれの組織が歴史的事件の結果として整備されてきたからだ。

たとえば、FBI（連邦捜査局）というのは、州を越えた犯罪を取り締まる機関ということから、独立当初からあったのかというと、そうではない。前身となるNBCI（犯罪者特定のための国家機関）の設立は1896年、これが1908年にはBOI（捜査局）となり、FBIと改名されたのは1935年である。2026年には建国250年を迎えるアメリカであるが、FBIの歴史は100年に満たないのである。

その他、FBIと同じ司法省の管轄下にあるATF（アルコール・タバコ・火器及び爆発物取締局）の場合は前身が1986年設立、現在の組織は1972年からであるし、DEA（麻薬取締局）に至っては1973年設立、国土保安庁所轄の各組織に至っては

21世紀に入ってから改組・整備された部局も多い。

歴史が浅いことに加えて、こうした連邦政府の機関は組織が複雑である。州警察以下の自治体警察の組織も複雑だが、連邦の各組織はもっと複雑であり、普通のアメリカ人の間でもその仕組みは正確に知られているとは言えない。その一方で、地方の自治体警察と比較すると、連邦組織の場合は規模も大きく巨大な予算と優秀な人材集団を抱え、それぞれが一種の権力を持っているとも言える。もっとも、そのために、ＦＢＩが典型であるが、政治的なトラブルに巻き込まれることも多い。

自治体警察の場合は、州警察と市町村警察、保安官などのヨコの連携は比較的スムーズだが、こうした連邦の警察が出てくると話は違ってくる。ケースによっては円滑なチームができる場合があるのかもしれないが、一般的には大規模な事件の際に、ＦＢＩがユニットごと乗り込んできたり、ＡＴＦなどが登場すると、話が大げさになって現場は混乱するという印象がある。映画やＴＶドラマなどでそのように描かれるだけでなく、実際の合同記者会見などの空気もどこか「よそよそしい」ことが多いようだ。

無政府主義者の摘発から始まったＦＢＩの歴史

連邦の警察といえば何と言ってもＦＢＩ（連邦捜査局）である。現在のＦＢＩは３万人以上のエージェントを擁して、サイバー犯罪から国家的な汚職、経済犯罪、テロ防止など多角的な活動を行っている。だが、その設立の経緯は現在の姿とはかなり異なっている。

まずその前身となるＮＢＣＩが設立された１８９６年当時は、無政府主義者のテロが問題になっていた。

無政府主義というと、共産主義よりもさらに左の急進的な理想主義というイメージがある。たしかにロシアなどでは帝政を爆弾テロで倒そうという過激な活動が起きていたし、欧州では労働組合運動と結びついて国家を倒して労働者の組合が社会を主導するべきだという「アナルコ・サンディカリズム」が流行した。これがアメリカにも入ってきたのだが、アメリカの場合はこれが右翼の運動と結びついていった。つまり、独立戦争の当時から「自分たちは英国に税金を払いたくないので独立したのに、新たに連邦政府に税金は払いたくない」という連邦政府反対の動きがあり、これが開拓地の独立の精神となり、やがて無政府主義の影響を受けたのである。

1900年前後というのは、アメリカ社会が急速に近代化する中で一部の右翼が集権的な国家として連邦政府が強大になることへ反発しており、これがロシアやヨーロッパの無政府主義の影響も受けながら過激化していたのである。1896年に就任したマッキンレー大統領にとっては、その対策は急務であった。

そこで無政府主義者を摘発するためには、州を越えた治安維持活動、犯罪捜査活動が必要となったのである。だが、そのマッキンレーは他でもない無政府主義者により1901年に暗殺されてしまう。

人身取引の取り締まりと人種差別

その後のNBCIはBOIと名前を変えて、今度はトラフィッキング、つまり女性を対象に売春目的で人身取引を行う犯罪の捜査を主要なテーマに掲げていた。これも、19

世紀までは州境を越えると取り締まりが難しかったのだが、20世紀に入ると州を越えた人身取引を徹底的に取り締まるために制定された「マン法」の執行が強く推進されたのだった。特に売春を強制されて売買の対象とされた白人女性(「ホワイト・スレイブ」)を救済すべきだという世論が背景にあった。

この「マン法」は、たしかに人身取引を取り締まる目的で制定され、条文は「不道徳的な目的で女性を国外や州間を移動させたりすることを禁ずる」という内容であった。正式には「ホワイト・スレイブ・トラフィック法」という名称であったが、提案した議員の名前を取って「マン法」と呼ばれることが多い。だが、歴史的にはこの取り締まりは失敗であったとされる。

具体的には、そうした女性の売買に従事しているのは中国系の店だという偏見から、多くの中国系への弾圧の口実に使われた。また人種間の交際や結婚が不道徳とされた時代であったこともあり、地域によっては人種間の恋愛で州を越えて「駆け落ちした」カップルを追跡し、たとえば黒人男性を一方的に逮捕するなど人種差別による暴力としか言いようのない活動も行われたのである。また州境を越えて不倫相手の女性に通っていた男性を摘発するなど、本来の目的からの逸脱も見られた。

たしかに無政府主義者によるテロや、人身取引というのは、この時代の社会問題であったのは間違いない。だが、19世紀から20世紀への変わり目の時代にあたって、州レベル以下の自治体警察ではなく、州を越えた捜査活動を連邦政府が行うとして、そのテーマがこの2つというのは不自然といえば不自然である。

どうしてそんなことになったのかというと、各州の独立性が現在よりさらに強かったからだ。通常の凶悪犯や重大犯罪については、州レベル以下の警察が仕切っていて、とても新参者の連邦の警察組織が介入する余地はなかったのである。

また、当時の議会は独立以来のアメリカの気風である、治安維持は州や自治体の独自の活動という考え方に縛られており、連邦レベルの警察組織を設置することには極めて消極的であった。背景にはそうした民意があり、中部から西部にかけては保安官が、東部では自治体警察が中心として地域密着型の警察活動を行っていた。何しろ、州警察という存在すら、それほど確立していない時代である。

ジョン・エドガー・フーバーの登場

そんな中で、「国家レベルの犯罪捜査」の必要性を強く信ずる一人の人物が歴史の表舞台に登場する。それは、ジョン・エドガー・フーバーという人物であった。あまりにも有名な人物であること、その一方で同姓の大統領との混同を避けるために「J・エドガー」とか「J・エドガー・フーバー」と呼ばれることが多いが、本書ではフーバーと呼ぶことにする。

フーバーは、大学を卒業すると司法省に入省し、1924年に当時は司法省の傘下にあった捜査局（BOI）の長官に任命された。長官といっても29歳という若さであった。これはフーバーが官吏として極めて有能であったということでもあるし、同時にBOIという組織の「格」がその程度であったということも示している。

フーバーはこのBOIの権限をどんどん拡張していった。そして、1935年に組織名称をFBI（連邦捜査局）に変更すると、そのまま長官として君臨し、何と1972年に77歳で死去するまで終身その地位にあった。BOIの長官時代から通算すると48年

J・エドガー・フーバービルディング（写真：ロイター／アフロ）

間という長さである。現在のＦＢＩを作ったのはこのフーバーであり、現在でもワシントンＤＣのペンシルベニア・アベニューにあるＦＢＩの本部庁舎は「Ｊ・エドガー・フーバー・ビルディング」と呼ばれている。

初期のフーバーは、まず連邦の警察としてのＢＯＩそしてＦＢＩを組織として確立することに注力した。たとえば、「リンドバーグ・ジュニア誘拐事件」がその代表とされる。初の大西洋単独無着陸飛行に成功したことで有名な飛行士チャールズ・リンドバーグの長男チャールズ・リンドバーグ・ジュニア（事件当時１歳８カ月）が１

932年3月にニュージャージー州の自宅から誘拐された。現場からは身代金を要求するメモが発見され、2カ月にわたって捜索活動と誘拐犯との交渉が続けられたが、結局5月になって長男は遺体で発見された。

有名人の子どもが殺害されたということで、大変に話題となる中で、事件は2年後に容疑者が逮捕され、有罪となり後に死刑判決が出て確定し死刑執行がされた。BOIの長官であったフーバーは、この事件への世論の注目を利用することにしたのである。この事件を契機として、複数の州にまたがる誘拐の犯行は連邦の犯罪であり、自治体警察ではなく連邦の捜査局の管轄とする「連邦誘拐法（またの名を「リンドバーグちゃん法」）」が成立した。

ちなみに、この事件は私の住むニュージャージー州中部を舞台にしており、事件から90年を経た現在でもいろいろな伝説が残っている。たとえば、死刑となった男は冤罪であり、怪しいのは家族であるとか、処刑が急がれたのは口封じだという説である。また、捜査の段階ではBOIが介入していったが、ニュージャージーの地元では州警察が捜査指揮権を主張してBOIとの駆け引きがあったようだ。ちなみに、この時のニュージャージーの警察長官は後に湾岸戦争を指揮することとなるノーマン・シュワルツコフの父親であった。

事件としてはニュージャージー州内で発生し、遺体の発見も州内であったが、犯行の過程で誘拐された乳児はニューヨーク州に連れて行かれたとされ、また身代金支払いに際して紙幣にマークを施したところ、ニューヨーク州内でその多くが使用されたなど、事件は隣州への広がりを見せていた。フーバーはこれを利用して捜査の指揮権を主導していき、その様子を新聞で克明に報道させるとともに、事件後には法律を制定させてBOIの権限を確立したのであった。

その後、BOIをFBIに改称すると、大恐慌時代、同時に禁酒法時代でもあった時期にはギャングとの対決をしていった。

そして第二次大戦が近づくとフーバーのターゲットは「敵国スパイの摘発」に移っていった。フーバーという人物は、若いときから資料を整然と整理してファイルするのが異常に得意であったそうで、この頃から「スパイ容疑者」については秘密裏に克明に捜査を行い、獲得した情報をカード化した秘密ファイルにため込んでいたとされる。

悪名高い「日系人の強制収容」については、歴史家によればフーバーが積極的に主導したのではないとされているが、実際の摘発と強制収容については、フーバー以下のFBIがその暴力的とも言える組織力を発揮して実行した。その際には、「秘密ファイル」によるファイリングが威力を発揮したようである。

やがて、その秘密ファイルには、社会に危険を与える可能性のあるさまざまなカテゴリの人物が加えられていったばかりか、政界の要人に関する情報も蓄積されるようになる。そうして、権力者の「弱点」をつかんでいったフーバーは、隠然たる権力を獲得してゆくことになる。

現代のアメリカにおけるフーバーのイメージは、そのような闇の権力者というようなネガティブなものが多いが、同時に逮捕者の追跡データベースや指紋のデータベース、さらには科学的な捜査方法の確立など、大国アメリカにおける犯罪捜査において、フーバーの残した遺産は大きなものがある。

そのフーバーの光と闇が交錯する人物像を描こうとしたのが、クリント・イーストウッドが監督して、レオナルド・デカプリオがフーバーを演じた伝記映画『J・エドガー』（2011年）である。特殊メイクを使用してフーバーになりきったデカプリオの演技は話題になったが、映画の評判はもう一つであった。イーストウッドは、フーバーという人物を怪物として断罪するのではなく、彼一流のほろ苦い人間観を反映した文芸作品に仕立てたが、歴史に残るフーバーのマイナスのイメージには勝てなかったと言える。

大統領とFBIの闘い

第二次大戦が終結して、東西冷戦の時代になるとフーバーは共産主義者をターゲットとするようになった。1950年代に政界だけでなく、文化人なども対象として「マッカーシズム（赤狩り）」が猛威を振るうが、主導したジョセフ・マッカーシー上院議員が議会で行う活動の裏には、フーバーの情報収集活動があったとされている。

フーバーの情報収集活動の対象は、時の権力者である合衆国大統領にも及んでいた。大統領の行動や人間関係などについて極秘裏に調査を行って、それを膨大な秘密ファイルに蓄積していたのである。

そうしたファイルは、フーバーの死とともに廃棄されたとされているが、ジョン・F・ケネディはそうしたフーバーの活動との暗闘を繰り広げていたそうで、たとえば弟のロバート・ケネディをフーバーの上司にあたる司法長官に任命して活動の牽制を図ったとされている。

それでも、フーバーはケネディの女性関係などを握って対抗していたようだ。ちなみに、そのケネディが1963年にテキサス州ダラスで暗殺された事件の捜査を指揮したのもフーバーのFBIであった。

最晩年のフーバーの暗闘の相手は、当時の大統領であったリチャード・ニクソンであった。フーバーの死亡は1972年5月2日であるが、後にニクソンを辞任に追い込む「ウォーターゲート事件」が発生したのは、フーバーの死の直後である6月17日である。政治的なライバルである民主党本部に工作員を侵入させて、盗聴器を仕掛けるなどという、どう考えても間の抜けた行動にニクソンの選挙陣営が走ったのには、恐れるフーバーが死んだことで気が緩んだということもあったかもしれない。

しかしながら、その「ウォーターゲート事件」では、フーバーなきFBIはキッチリとニクソンとその周辺の動きを秘密裏に捜査していた。その上で、世論に対して影響力を与えるために、情報を小出しにリークするという行動に出ている。いわゆる匿名の情報通「ディープスロート」が、「ワシントン・ポスト」紙の記者、ボブ・ウッドワードに対して秘密裏に情報を提供していたというエピソードである。

このウッドワードと、同僚のカール・バーンスタインのコンビは、やがてペンの力でニクソンを追い詰めていくことになるが、その背後にはＦＢＩ内の情報源という存在があった。この「ディープスロート」の正体は長い間不明であったが、約30年にわたって秘密とされた後に、２００５年に本人が正体を明かしたのであった。それは当時ＦＢＩの副長官であったマーク・フェルトという人物であり、ニクソンが腹心をＦＢＩに送り込んで動きを封じてきたのに対抗しての行動であったことになる。

「フーバー後」のＦＢＩ

フーバー亡き後のＦＢＩは、長官の任期を最大10年に制限するなどして、「正常化」

を志向していた。１９９０年以降の冷戦後の時代には、アメリカが「世界の警察官」として振る舞うことになり、また２００１年の「９１１同時多発テロ」以降は、中東などを舞台にした反テロ戦争が大きなテーマとなる中で、治安維持、諜報活動といった機能は、ＣＩＡ（中央情報局）やＮＳＡ（国家安全保障局）など国際的な活動を行う組織が担った。国内のテロ対策ということでは、新設された国土保安省がさまざまな連邦政府組織を統合してスタートしたが、ＦＢＩはあくまで独立した組織を守った。

そんな中で、２０００年代のＦＢＩは13年間にわたって実務型の長官としてロバート・ムラーが組織を率いた。

ムラーは、学部はプリンストン、修士はニューヨーク大学（ＮＹＵ）そして法学博士をヴァージニア大学で取得、しかも志願兵として海兵隊に入ってベトナムで軍功もあるという、いかにもアメリカの典型的エリートである。一旦は弁護士として在野の時期を過ごして後、連邦地区検事として12年キャリアを積み、２００１年の7月、つまり９１１のテロの直前に当時のジョージ・Ｗ・ブッシュ大統領によりＦＢＩの長官に指名された。以降は、ブッシュ、オバマの２代の大統領にわたって長官職を務め、規定の10年の任期を全うした後も、オバマが推挙する中で上院が100人全員一致で特例を承認し、その地位にとどまった。

トランプ対ヒラリーへの関与

問題は、その後である。2013年にムラーを継いだジェームズ・コミーも、シカゴ大学から法学博士を授与された俊秀であり、順調に連邦地区検事としてキャリアを積みかさねた人物である。だが、このコミーは就任3年目に難題を抱え込むこととなる。それは、トランプとヒラリーによる大統領選の泥試合であり、さらにトランプ当選という予想外の事態であった。

この2016年の大統領選では、ヒラリー・クリントン候補は終始優勢という報道が多数であった。だが、チャレンジャーであるトランプ陣営は、ヒラリーが国務長官時代に「公務の連絡に自分の個人メールサーバを使用」していたという事実を問題視して、ヒラリーを犯罪者呼ばわりし、「彼女を獄につなげ!」という勝手なスローガンを選挙戦を通じて大合唱するという事態に至った。ＦＢＩとしては看過できず、この問題については起訴すべき問題はないという見解を出すなど、この不毛な対立に関与せざるを得なかったのである。

そんな中で、投票日の1週間前になって「ヒラリー第二のメール疑惑」という問題が起きた。この問題を引き起こしたのはコミー長官の側であった。ヒラリー・クリントンに「第二のメール疑惑」が再燃し「ＦＢＩが捜査を再開した」という報道が流れ始め、「トランプ大逆転か?」などという解説まで飛び交うこととなった。特に、この問題で勢いを得たトランプは、「主戦場」となっている「スイング・ステート」の中で、フロリダ州とオハイオ州で「同率または逆転」しているという世論調査数字も出るようになり、一気に勢いが変わった。

この「第二のメール疑惑」だが、そもそも捜査対象はヒラリー・クリントンのメールではなかった。つまり「対象となる5万件か何かのメール」というのは、ヒラリーが送信者でもなければ、受信者でもない話であった。問題は、アンソニー・ウィナーという男のＰＣがＦＢＩに押収されたのが発端である。

引き金となった「不適切ツイート事件」

このアンソニー・ウィナーという人物は、ニューヨークのブルックリン出身の民主党政治家で、市議会議員を経て1999年から6期12年にわたっては連邦下院議員としてニューヨークから選出されていた。現在もニューヨーク州選出の上院議員を務める大物政治家、チャック・シューマーの愛弟子で、下院議員の地盤もシューマーの上院転出に伴って継承したものだ。

ウィナーは元々、クリントン夫妻と親しい人物で、ビル・クリントンが目をかけていた。また、このウィナーはフーマ・アベディンという女性と2009年に結婚していたのだが、この結婚式もクリントン夫妻が仕切っていた。そのアベディンは、大変に優秀な女性であり、ヒラリーが非常に信頼する側近中の側近であった。国務長官時代には補佐官に任命し、大統領選当時は選対の副本部長になっていた。

ある意味で、クリントン家の「一員」として政治の中枢にいた夫妻だったが、ウィナーは2011年に突如「下ネタ」ツイート事件を起こしてしまい、議員辞職に追い込まれていた。不特定多数の女性との間で「不適切な性的ツイート」をやっていたのが明るみに出たのである。とにかく、女性たちに送っていたという「恥ずかしい写真」がタブロイド紙の一面を連日賑わせるという惨状になっていたのである。

だが、この2011年の段階では、アベディンは「夫を許す」と表明、一部には「モニカ事件の際に夫を許したヒラリー」の例に従ったとか「だから仮面夫婦だ」などという中傷を受けたのだが、とにかくこの時は離婚ということにはならなかった（後に別居を経て2018年に離婚）。

その後のウィナーは、一時的には復権していたが、この2016年8月から9月には再度の「下ネタ」ツイート事件を起こしてしまい、担当していたラジオや新聞からは一斉に「クビ」を通告され、政治家としても、あるいはジャーナリストとしてもキャリアを断たれた形となった。この時点でFBIは「ウィナーは、未成年の少女を相手に下ネタのツイートをしていたらしい」という容疑から本格的な捜査に乗り出したのである。

その捜査の延長で、FBIは「未成年者への不適切ツイート疑惑」を根拠に、ウィナーのPCを押収した、そのPCにはアベディンとの夫婦間のメールも入っていたとか、夫婦で共用していたためにアベディンが送受信していたメールもあるというのであった。

そこでFBIとしては、正式な捜査令状を取って合法的に「ウィナー夫妻の個人メール」を閲覧できることになった。そこで、アベディンはヒラリーの側近だ、ということは、ヒラリーが「機密指定の情報を個人のメールサーバで扱っていた」ことの証拠が「アベディンのメール」などから証明できるかもしれない、というストーリーが成り立つ。

つまり、ウィナーやアベディンの「メールボックス」にヒラリーのメールがあったり、一部報道がされていた「アベディンとヒラリーが『私的メールサーバ使用』に関わる証拠隠滅を図っている」という痕跡が出てくれば政治的にダメージを与えることができる、そんな期待感が、共和党筋にはあったのである。

そう考えると、この捜査はまったくの党利党略だという批判が出てくるのも自然な成り行きだ。ただし、FBIのコミー長官にしてみれば、仮にウィナーの「性的ツイート疑惑」の捜査絡みでPCの内容を調査していて、万が一「政治的に問題になる」ようなアベディンやヒラリーのメールが出てきた場合には大変なことになるので、その「万が一」に備えて、「投票日前」に「一応自分たちはこういう捜査はしていますよ」というアナウンスをする必要があったという考え方もできる。

だが、歴史の示すところでは、この一連の捜査、特に「捜査をしているということを、選挙直前にコミーが公表したこと」が結果的には「トランプ当選」の片棒を担いだ格好になってしまった。これは否定できない事実として残った。

「ロシア疑惑」の経緯

そのコミー長官指揮下のFBIは2017年になると、今度は、就任後のトランプに対して「政権周辺への捜査」を開始している。

要するに、2016年8月まで選挙参謀をやっていたマナフォートや、安保補佐官をクビになったフリンといった顔ぶれが、「ロシアとのコンタクト」をしていたということについての本格捜査を開始したのである。つまり「ヒラリーを貶めるために、ロシアの諜報機関と共謀した」という疑惑についてである。この問題に関しては、トランプ政権側が「FBIに捜査を止めるように」という圧力をかけたのだが、FBI側は「圧力があったが捜査は止めない」という発表をして、そこで動きが明るみに出た。

その一方で、この時期のＦＢＩはニューヨーク市のビル・デブラシオ市長の捜査も進めていた。２０１３年の市長選に際して違法献金を受け取っていたという容疑に関してであり、こちらも政治的には興味深い動きとなった。ちなみに、この年の秋、２０１７年11月には市長選挙があり、仮に捜査が続けば「クロ」にならなくても市長が予備選で負けるという可能性がある中で、下馬評としては何とあの「ヒラリー」がニューヨーク市長に立候補するという説もあった。

つまりコミー長官率いるＦＢＩは、悪く言えば魑魅魍魎の世界だが、よく言えば超党派の独立した機関として国家レベルの犯罪捜査をやって権威を確保しようとする、ＦＢＩなりの「綱渡り」を続けていたのである。

トランプによる不可解なＦＢＩ長官解任劇

ところが、２０１７年5月9日夕刻、そのコミー長官がトランプ大統領によって突如解任されたというニュースが駆け巡った。各ケーブル・ニュース局は一斉にこのニュースの速報態勢に切り替わったのである。ロスサンゼルスに出張中だったコミー長官は、TVで自身が解任されたというニュースを見て最初は冗談だと思ったようだが、やがて解任通知が本部に届いていたことを知らされると、急遽専用機でワシントンDCに戻った。その際に専用機に乗り込むコミー、そして誘導路を移動して滑走路から離陸する専用機の映像をCNNなどはずっとライブで追っており、まるで90年代の「白いブロンコで逃走するOJシンプソンを追っかけた映像」の再現のようであった。そのぐらい話題性のある「事件」となったのである。

だが、この解任事件、どうにも経緯が不明であった。とにかく、その理由がハッキリしないのだ。トランプ大統領はセッションズ司法長官並びに、ローゼンスタイン司法副長官が「コミー解任を進言した書簡を送ってきた」から解任したとしていた。

では、問題のローゼンスタイン司法副長官の「コミーを解任すべきだ」という書簡にはどう書いてあったのかというと、「ヒラリー・クリントン氏の電子メール問題に関する結論の出し方に問題があるから」ということになっていた。このローゼンスタインというのは、トランプ大統領が「入国禁止令」が違法だから無効だと言われて怒って更迭したイエイツ司法副長官（司法長官代行）の事実上の後任として、トランプ大統領が指名して就任した人物である。

ということは、ローゼンスタインは「ヒラリーを最終的に不起訴とした」コミーを告発しているように見える。ところが、肝心の書簡の中身を読んでみると、全然違うのだ。2016年7月にかけての「第一次メール疑惑」についての言及もあったが、主要な部分については「10月28日の第二次メール疑惑」に関するものであった。

ここでローゼンスタインは、「新たな証拠（ヒラリー側近アバディンの離婚係争中の夫のＰＣ）」が出た時点で、コミーは新証拠問題を「発表（speak）」するか「隠蔽（conceal）」するか迷ったと証言しているが、これはおかしいとして、「隠蔽はせずに粛々と捜査を再開すればよかった」としている。そして「沈黙（silence）は隠蔽とは違う」などと記していた。

要するにローゼンスタインは、ヒラリーを不起訴にしたのが不満なのではなく、10月末に新証拠（の可能性）が出たときに「大々的に発表して選挙戦を歪めた」ことを司法副長官として批判しており、そのことについてコミーが5月3日に議会証言して「自分は正しかった」としていることが大変に不満だ、だから解任を提案しているというのであった。

こうなると奇々怪々としか言いようがない。トランプ陣営からすれば、2016年10月末という投票日直前にコミーが「ヒラリーのメール疑惑の蒸し返し」をしてくれたから、自分たちは政権を奪取したという認識をしていた。大統領自身が再三そんな発言をしており、その延長でコミーを賞賛したことも何度もあった。

にもかかわらず、そのトランプ大統領は、その10月末のコミーの言動を批判して解任を提案したローゼンスタイン書簡を根拠として、コミーを解任したのである。ちなみに、大統領の署名したコミー宛の「解任通告」書簡には、ローゼンスタインの書簡が「添付」されていた。

一つの考え方としては、やはりホワイトハウスとしてはコミーを解任しなくてはいけない、切羽詰まった「何か」があったのだということだ。それは、やはり「選挙運動期間中における陣営とロシア政府の癒着」問題が相当に切迫しているということを示していた。

この点に関しては、問題の大統領のコミー長官宛の「解任通告」書簡の中に、何とも不思議な文言が入っていた。それは「私が捜査対象になったかもしれない機会において、貴官は三度にわたって自分を捜査対象としなかったことは賞賛する」という部分である。つまり大統領としては「ロシア疑惑」の捜査が自分にまで及ぶのを恐れているということであるし、きわどい局面が過去に3回あったということを告白しているようなものであった。

そんな中で、5月17日になって、そのロッド・ローゼンスタイン司法副長官は、特別検察官にロバート・ムラー元FBI長官を任命した。当面の捜査対象は、すでに安保補佐官を辞任しているフリン、2016年8月に選対をクビになったマナフォートの2名についてであり、フリンはトルコからの収賄、マナフォートはロシアもしくはウクライナのロシア派からの収賄という具体的な容疑であった。

ムラーが再び表舞台に

ここで、ブッシュ、オバマの両大統領の時代にＦＢＩ長官を務めたムラーが再び政治の表舞台に登場することとなった。このムラーであるが、ロシアに関しては、２０１３年４月にボストン・マラソンが襲撃されたテロ事件の直後に、自身がモスクワに乗り込み、実行犯やチェチェン独立派に関するロシア側の資料の精査を行っている。

結果的に何も表沙汰にはならなかったが、これはロシア当局による「テロリスト泳がせ」を疑ったオバマ大統領の特命であったと言われている。オバマがムラーを送り込み、結果としてロシア側では誰も起訴されなかったという経緯には、オバマが「このような事件の計画を泳がせたら、次は承知しない」というメッセージをプーチンに送るためであったという説がある。

さて、このムラー特別検察官の活動としては、フリンとマナフォートは有罪に追い込んだが、結果的にトランプ大統領本人を弾劾に追い込むことはできなかった。ムラー自身が、弾劾相当だという立件ができなかったのである。ただ、ムラーは「大統領の行為は、通常の市民であれば有罪だが、大統領の場合は、大統領特権を乱用してはじめて弾劾の対象とすべき罪を構成する」という判断基準を示して、起訴の提案を見送った。ムラーは敗北したという見方もできるが、反面、大統領が落選して一個人に戻れば、このロシア疑惑に関しては一事不再理かもしれないが、同様の事件に関しては立件できるという道を残したとも言えるだろう。

チェック機構か地下権力か

ここまで、ムラーとコミーが、ヒラリー・クリントン、そしてドナルド・トランプとの確執の中で、FBI長官、元長官として政治の中枢に切り込み、その泥沼のようなドラマにどっぷり浸かった様子をやや詳しく紹介した。そこには2つの意味合いがある。

1つは、FBIという存在が、連邦レベルの犯罪捜査組織という本来の目的とは別に、政治の舞台の表と裏に深く関与しているという事実である。たとえば、ムラーとコミーの両名は、実は2000年代に当時のブッシュ政権が「テロ容疑者への拷問」を合法化しようとしたときに、当時のホワイトハウスに対して現役の司法省官僚でありながら真っ向から対決してタッグを組み、この合法化に抵抗したというエピソードがある。

エリート中のエリートである両名は、当時のＦＢＩ長官と連邦検事という立場から、「拷問行為の合法化」という当時のブッシュ政権の政策が憲法に違反し、アメリカ建国の理念を構成する基本的人権の尊重を危うくしているという認識を持っていたのである。そのことの是非はともかく、ＦＢＩというのは、そのような組織であり、いわば日本の場合は東京地検特捜部の機能が、最高検察庁と国家公安委員会が合体したような権限と頭脳集団として存在しているようなものであり、一連のエピソードはそれを証明していると言えよう。

それが権力に対するチェック機構となっていると見るか、伏魔殿のような地下権力と化していると見るかは、政治的立場によって変わってくる。たとえば、ドナルド・トランプとその支持者は、憎むべき「ディープステート」の権力をそこに見ているのであろう。けれども、良くも悪くも、それがＦＢＩの一面であり、これこそＪ・エドガー・フーバーの遺産に他ならない。

そのトランプは、図らずも自身の行動によってＦＢＩとの再度の対決することとなった。他でもない、２０２１年１月６日の連邦議会議事堂乱入事件である。ＦＢＩは初動こそ鈍かったものの、乱入の実行犯について、ノーマークであったトランプ支持者を直ちに指名手配し、徹底的な捜査を開始した。その延長には、事件を事実上主導したドナルド・トランプへの立件を視野に入れているのは間違いない。

第3章　ＦＢＩ以外の連邦警察組織

アルコール・タバコ・火器及び爆発物取締局

連邦（国）レベルの警察組織はＦＢＩだけではない。他にも比較的歴史のある大組織が2つある。まず、ＡＴＦ（アルコール・タバコ・火器及び爆発物取締局）であるが、これはいかにもアメリカらしいユニークな組織である。ルーツは、19世紀における国税庁（内国歳入庁＝ＩＲＳ）の強制取締機関であり、さらにその原点には建国当時のアルコール課税問題があった。たとえば、ペンシルベニア州では１７９４年に、課税を拒否したグループが大規模な反乱を起こしたこともある。歴史上名高い「ウィスキー税の内乱」である。

通常、税金に対する不満というと、政府が無駄使いをして借金、つまり国家の債務を作ってしまい、この債務を埋めようと課税強化をすると国民が反発するというのが、どこの国でも一種のパターンとなっている。だが、この時のアメリカは違った。国として債務を負っていたが、それはバラマキの結果ではなかった。そうではなくて、ジョージ・ワシントンをリーダーとして英国国王軍と戦った独立戦争の戦費、それが丸々債務つまり借金として残っていたのである。そして、建国まもないアメリカの初代財務長官となったアレクサンダー・ハミルトンの努力によっても、債務の償還は進まなかった。

そこでジョージ・ワシントン政権が目をつけたのが「ウィスキー」だった。この頃のアメリカでは主要な産物は小麦であったが、出荷した後の余剰の小麦やその他の余剰穀物を使ってウィスキーを製造することが流行していた。そこで、ワシントンとハミルトンは「ウィスキー税」を連邦税として課税することにしたのだった。

これは大きな反発を買った。特にワシントン自身などの大農場主よりも、小規模農場の課税率を高くしたことは一部で憤激を買うこととなり、中部から南部には不穏な運動として拡大していった。特に、ペンシルベニア州の西部では反対派の集結が見られた。

これに対して、ハミルトンは強硬だった。「今こそ、連邦政府の権威と権力を見せつけるとき」だという決意をしたのである。独立戦争の時と同じような「民兵の召集」が行われ、1万2000の軍隊が投入された。政府軍と反乱側の規模の差は圧倒的なものとなった結果、戦闘らしい戦闘にはならず、代表者数十名が逮捕され、その中の数名が病死したりしたというだけで事件は収束した。結果的に、国家の分裂というような事態にはならなかったのである。

　では、この「ウィスキー税内乱」事件を契機として、ハミルトンの狙ったような「連邦政府の権威」は高まったのかというと、必ずしもそうはならなかった。

　まず、反乱は鎮圧されたが、改めてこの時点での「ウィスキー税」は不人気ということが決定的となって課税は断念された。また、軍を出動させて制圧に動いたハミルトンの行動も、「やり過ぎ」ということになった。ハミルトンは、国家債務の問題で思いつめており、一時は「独立戦争の債務を分割して各州に負担させる」という案を提案したこともあるなど、徹底的に「連邦の地位を強化する」という方向性を打ち出していた。だが、その強硬路線により、この「ウィスキー税反乱」以降連邦政府はだんだんと孤立していくこととなる。

　この18世紀末における「連邦政府の孤立化」という傾向こそが、アメリカの地方分権を決定的なものとしていった。本書で述べているように、自治体警察がバラバラに存在しているとか、学区ごとに教科書もカリキュラムも違うといった、極端な地方分権は、南北戦争という事件も絡む中で19世紀を通じて固まっていく。

その一方で、連邦政府の側では、アルコール課税への執念が世代を超えて継承されていった。やがて、19世紀末になると税金を徴収するには武力、つまり警察力が必要だということになり、財務省の傘下に実力行使部隊が編成された。

1920年に禁酒法（憲法改正による修正18条と、その実施法規であるボルステッド法）が成立すると、アルコール取締局へと改組された。禁酒法によってアルコールが非合法化されると、ただちにアル・カポネなどのギャングが収入源として違法なアルコール販売活動を拡大した。結果的に、禁酒法はこうしたギャングの横行を招いた。したがって、違法なアルコールの取り締まりというのは、そのままギャングとの対決、具体的には実力行使と捜査活動によるギャングとの抗争を意味したのである。

この時代のアルコール取締局を代表する人物といえば、映画（ブライアン・デ・パルマ監督、1987年）やTVドラマ化された自伝小説『アンタッチャブル』で知られるエリオット・ネス（1903~1957年）であろう。ハリウッド映画のバージョンでは、主役のネスは実名で登場し、ケビン・コスナーが演じて評判になった。ちなみに、この映画ではアル・カポネをロバート・デ・ニーロが演じている。この『アンタッチャブル』というのは、ネスが生前に書き始めていた自伝であるが、途中で死去したために別のライターが完成したものだ。

その自伝の中でネスの書いた部分については、禁酒法時代の活躍については誇張があると言われている。だが、現在までの研究では禁酒法時代のシカゴ市警が、ギャングとの癒着によって腐敗していたというのは事実であるようだ。また、フーバー率いるFBI（実際は前身のBOI）はアルコール取締局とは別にアル・カポネを追っており、ネスとはライバルの関係にあった。つまり、ネスの属していたアルコール取締局というのは、地元のシカゴ市警とも、FBIとも敵対もしくは競合関係にあったのである。

その結果として、財務省の威信をかけたアルコール取締局がネスなどの活躍により、カポネ逮捕という成果を上げることとなった。よく考えれば、禁酒法時代にはアルコールからの税収は期待できないわけで、この間のギャング集団との対決は、司法省や地元警察に任せればよかったのだが、財務省としてはアルコール脱税対策の時代から、違法な酒類販売行為とは血みどろの戦いを繰り広げてきた経緯があり、そしてネスというリーダーを得たことで、結果としてギャング集団との戦いを継続して行ったのである。

しかしながら結果的に、禁酒法という制度はＤＶ防止などの効果よりも、治安悪化などの弊害が多いということで１９３３年に廃止された。アルコール取締局は、一旦は武力で犯罪集団と対決するという組織となっていたが、禁酒法が廃止されてアルコール販売が合法化されると、以前のようにアルコールに関する徴税を行う組織に戻ったのである。やがて、１９５０年になると、これにタバコ税の徴税という任務、そして１９６８年には銃規制に関する任務が加わってＡＴＦ（アルコール・タバコ・火器及び爆発物取締局）という現在の名称になった。

ＡＴＦが表舞台に登場した事件

その後、ＡＴＦにおいては、アルコールやタバコの取り締まりという機能は縮小されていって、むしろ銃規制、そして爆発物に関する規制を行う官庁へと性格が変わっていった。

そんな中で、ＡＴＦが珍しく社会の表舞台に登場したのが１９９３年に発生したブランチ・ダビディアン事件である。このブランチ・ダビディアンというのは「ダビデの末裔」を自称する終末論的な新興宗教グループで、新約聖書の中でも「ヨハネの黙示録」にのめり込み「もうすぐ世界の終わりが来る」という信仰を掲げていた。このブランチ・ダビディアンは教団員の子供たちを含む家族ぐるみの集団として活動していたのだが、「世界の終わり」を主張する異常事態にあたっては、その子供たちに危害が加えられる危険があるとして、大きな社会問題となっていた。

そんな中、この教団は相当な火力を含む武装集団だということから、発足したばかりのクリントン政権は対応に苦慮した結果、ATFを投入した。交渉はうまくいかず、教団とATFの間では銃撃戦が発生して双方合計で10名の死者が出るという惨事となった。この事件を契機として、教団側は「世界が終わるという認識」を強めることとなり、1993年の2月28日から、テキサス州にあったオウム真理教の「サティアン」にも似た教団施設を舞台に、51日間の緊迫した睨み合いが続いた。

この時は、当時のジャネット・リノ司法長官が決断して、ATFに代わってFBI傘下のHRT（人質救援チーム）を前面に立て、最後には突入作戦を実施した。だが、教主のコレシュは投降せず、反対に教団施設に火をつけて集団自殺をしてしまい、多くの子供を含む80名が道連れになった。リノは、子供の安全を優先して強行策を選択したわけだが、残念ながら最悪の結果となってしまい、リノとクリントンは政治的に大きな批判を浴びた。

さらに事件の真相に関しては、諸説が飛び交うこととなった。たとえば、コレシュ以下の教団員は集団自殺をしたのではなく、ＦＢＩの持ち込んだ可燃物が爆発したとか、あるいは催涙ガスの使用が惨事の引き金になったなど、今でもさまざまな陰謀説も含めた議論がある。

事件の舞台は、テキサス州のウェーコであったが、この事件はその後、「連邦政府の暴虐に対して、信仰の自由を守った」という、いかにもこの地域らしい保守思想の影響で、一種の「神聖化」がされるに至った。もっとも信仰そのものが拡大しているのではなく、あくまで「武装の権利」と「連邦政府への反感」という保守思想からの同情である。たとえば、事件の２年後に当たる１９９５年4月19日に発生したオクラホマシティ連邦政府ビル爆破事件では、主犯のティモシー・マクベイは、この「ウェーコ事件」への「報復」を爆破の動機として挙げており、改めて世間を震撼させた。

この「ウェーコ事件」では、ＦＢＩの権威は失墜し、当時のウィリアム・セッションズＦＢＩ長官更迭の原因の一つともなった。同時に、事件の初動に失敗したＡＴＦも同じように権威を失うこととなった。

銃規制を担う組織

また、２００１年９月の同時多発テロ以降、ＡＴＦは、連邦としてのテロ対策を担う目的で国土安全保障省が設立されると、その傘下には組み入れられず、財務省から司法省に所属が異動している。つまり、アルコール課税問題に発する財務省の一機関という歴史には終止符が打たれた。だが、禁酒法時代に活躍したという「伝説」は今でも残っており、放火事件や爆発物取り締まりに関するノウハウについては、アメリカの中でもトップレベルにあるとされる。

また、銃社会であるアメリカにおける連邦レベルでの銃規制、銃に関する犯罪捜査も担っている。銃に関する捜査ということでは、いまだに全容が解明されていない「オペーレーション・ファスト&フューリアス（ワイルドスピード作戦）」というスキャンダルも有名である。

これは2000年代に顕著となっていた、メキシコ国境におけるギャング団の暗躍、つまり俗に言う「麻薬戦争」への対策として、ATFが実行した作戦とされている。具体的には、アメリカ国内から意図的に数千丁という銃器を流出させて銃を追跡し、その動きから麻薬ギャングを摘発するというものだった。だが、作戦の成果はほとんど確認できない中で、流出させた銃の追跡もできず、数千という銃が行方不明となった。やがて2010年以降、多くの犯罪にこの「おとり銃」が使用されて、多くの人命が奪われたことが判明した。この事件に関しては、オバマ政権は社会的な批判を浴びたし、これによって、ATFの権威は再び傷ついたのである。

以降のATFは、実際の事件への対応よりも、専門分野における犯罪抑止の研究機関という性格を強めていく。たとえば、放火や火災に関する研究では、メリーランド州のボルチモアに、「火災研究ラボ（FRL）」という大規模な施設を持っている。このFRLには、大規模燃焼実験室が大中小の3室設置されている。中でも3つの中の最大のものは、二階建ての一戸建て家屋を丸々燃焼させて、出火元や着火した際の化学物質を特定したり、あるいは建物の構造や素材による燃焼パターンの研究などが可能となっている。研究成果は、放火犯への捜査技術だけでなく、全国の各消防署を通じた防火啓蒙活動などにも反映しているという。また、爆発物の研究、爆弾事件の捜査、爆発物の安全な処理に関するノウハウということでは、ＡＴＦはアメリカを代表する存在である。

極めて危険性の高い爆弾事件に登場

ということで、紆余曲折を経てきたＡＴＦであるが、アメリカの警察の中でもこのＡＴＦというのはユニークな存在と言えるし、保安官制度と並んでアメリカという国の特殊性を反映した組織であると言えるだろう。現在でも、容疑者が人質を取って籠城し、その際に相当な火力を持った武器で武装しているとして、ＡＴＦと白く書かれた真っ黒な装甲車が出てくると、「これは相手の火力が相当強力に違いない」というイメージがある。爆弾事件の場合もそうで、仮に爆破予告電話などがあった場合に、ＡＴＦの処理班が登場する事態となると、これは非常に危険性が高いケースということになる。

たとえば、2020年の12月25日、クリスマス当日の朝にテネシー州ナッシュビル市の中心街では、大規模な爆弾テロが発生した。現場では、爆発の前に不審なキャンピングカーから「15分以内に爆発が起こる」という音声が流されており、警察が住民を避難させていたが、その後、大規模な爆発が起きて街区は丸ごと吹き飛んでいる。この事件でも強烈な破壊力の爆弾ということで、初動の時点からATFが中心となってFBIの捜査員や地元警察も参加して捜査体制が組まれている。

2021年1月6日の議事堂乱入事件では、トランプ派は複数のパイプ爆弾を仕掛けるなど爆発物を使った攻撃も準備していた。そこでFBIと同時にATFも出動して処理にあたった。

ニクソン時代に誕生した麻薬取締局

ATFと並んで大きな存在が、DEA（麻薬取締局）である。こちらも約5000名のスペシャル・エージェントを擁した連邦警察の一つであり、司法省の管轄下にある。FBIやATFと比べると、このDEAの歴史は比較的新しく、創設は1973年でリチャード・ニクソンの時代である。

FBIやATFは、政治的な動きに巻き込まれたり、事件への対処に失敗して批判を浴びたり、良くも悪くも浮き沈みの激しいイメージがあるが、その一方で、同じ司法省内の警察組織でありながら、このDEAは堅実な実務を積み重ねている。これは、DEAの役割が明確になっており、またそのために地方警察など他の組織との連携が取れているためと言える。

米国東部で勤務している連邦地方判事の話を聞いたことがあるが、広い地域にわたる大規模麻薬取引の事案（ドラッグ・トラフィッキング）に対しては、DEAがコーディネーターとなって地元警察と連携を取って進める「タスクフォース方式」が機能しているという。麻薬取り締まりというのは、人質事件などと違って、じっくり時間をかけて犯罪組織を追い詰める、つまり息の長い捜査になる。と同時に、たとえば「おとり捜査」を実行する場合、あるいは容疑を固めて強制捜査に乗り込む場合など、裁判所が関

アメリカ麻薬取締局（DEA）の特殊部隊（写真：AP／アフロ）

与し、タイムリーに礼状を出して捜査に合法性を与えるということも重要だ。一方で、地下に潜っている販売組織を摘発するには、地元警察の協力は欠かせない。

そこで、DEA、連邦裁判所、自治体警察の3者の連携が重要になる。特にDEAは自治体警察に対して、麻薬成分の鑑定など独自のノウハウを提供し、自治体警察は地元に根ざした捜査活動を主導するといった連携が取られることとなる。連絡体制をスムーズにするとともに、地域社会へのアピールを兼ねて、まったく同じ色のお揃いのジャケットの背中に「DEA」と「POLICE」と白く大きく印刷した「ユニフォーム」を着用して連携をアピールしながら強制捜査を行う事例もある。

2016年現在の数字としては、全米でこうした「タスクフォース」、つまりDEAと州警察、または自治体警察が連携して行う共同捜査体制としては271チームが動いていたという。

東京にもDEAの事務所がある

DEAの任務はそれだけではない。連邦政府として、禁止薬物を決定し、定義するとともに、研究や治療を目的として薬物に関する例外的な使用許可を行うといった、国としての取り締まり実務を行っている。また、アメリカ合衆国を代表して、世界各国における麻薬取り締まりの国際連携を行うのもDEAの主要な役割である。世界44カ国に事務所があり、350人以上のスペシャル・エージェントとサポートスタッフを国外に配置している。

たとえば、反テロ戦争との関係では、アフガニスタンのタリバンによる違法な麻薬の製造と国際的な販売活動に対抗する2008年の作戦（アルバトロス作戦）では、DEAの特殊部隊である「FAST（国外派遣諮問・支援チーム）」が実戦に投入された。また、同じ2008年には、レバノンのシーア派組織「ヒズボラ」が麻薬取引をテロ活動の資金源にしているとして、これを撲滅するための「カサンドラ作戦」をDEAが主導したとされるが、こちらの詳細はまだ明らかとなってはいない。

こうした国際連携にあたってDEAは、外国の警察との合同捜査に加えて、各国の警察に対して、訓練などを通じて、技術支援や犯罪組織に関する情報の共有を行なっている。こうした国際的な活動に関しては、米国の外交を担う国務省との密接な連携が取られている。ちなみに、東京にある在日本米国大使館の中にも、DEAの事務所がある。

22の「機能」を集めた国土保安省

連邦レベルの警察組織としてFBI、ATFは長い歴史があり、比較的新しいDEAも組織の基盤は確立している。特にFBIとDEAは米国司法省が管轄しており、そのトップである司法長官（アトーニー・ジェネラル、ＡＧともいう）の傘下にある。ＡＧは大統領を長とする行政府の一閣僚に過ぎないが、日本で言えば法務大臣と検事総長を兼ねた強力な権限がある。その傘下ということで、大統領も簡単には手出しができない。

そんな中で、２００１年９月に「９１１同時多発テロ」が発生した。米国史上最大のテロ事件、しかもニューヨーク、ペンシルベニア、バージニアの３箇所を狙って４機の民間機がハイジャックされて乗員乗客ごと巻き添えとなり、ニューヨークの世界貿易センタービル２棟が倒壊し、多くの犠牲者を出した。この事件は、アメリカの国家体制を大きく揺さぶった。中でも、国外からのテロリスト侵入と犯行を防止できなかったというショックは大きかった。当然に政府の責任を追及する声は大きく、特に、連邦における軍、諜報機関、警察組織の連携が不十分という指摘がされた。この点に関しては、２００２年には調査委員会が設置されて膨大な調査レポートが作成され、２００４年に一般に販売されるとベストセラーになるということも起きた。

ブッシュ政権の動きは早かった。調査委員会が活動を開始した直後、詳細な調査結果が出るはるか前に、連邦政府の大きな組織改革を行ったのである。つまり、テロ対策に関係する省庁を一つにまとめ、情報管理を一元化するという構想であった。

この時点では、アルカイダ系のテロリストの動きに関して、国際的な諜報機関であるCIA(中央情報局)と国内の捜査機関であるFBIとの連携が問題視されていた。だが、本書でも述べてきたように、FBIは国政の中枢に食い込んで政争にも関与するという独立性の高い組織である。また、CIAも世界中に秘密裏に築いた非公開の協力者、情報提供者のネットワークを持っており、他の組織の介入を嫌う体質があった。

そうしたわけで、テロ対策に最も効果的と思われたCIAとFBIの統合はあっさり否定されたのである。その一方で、ブッシュ政権としては「テロ対策の一元化」へ向けての変革を目に見える形で示したかった。こうした背景のもとに、多くの組織を統合して作られたのが「国土保安省(DHS)」である。というわけで、このDHSというのは「寄せ集め」である。非常に単純化して言えば、アメリカの「本土」を外部のテロリストから守るための警察機能とこれに付随した行政機能を「できる限り集めて作った」組織ということだ。主要なものだけで22の「庁」が集まっており、これを紹介するだけで何ページも必要になるぐらいであるので、主要な部分に限定して説明しようと思うが、それでもＤＨＳというのは複雑である。

役割が定まらなかったＩＣＥ

まず大きな部門としては「税関」の機能、そして「出入国管理」の機能がある。ＤＨＳ発足以前は、税関は多くの国と同様に財務省の管轄であり、出入国管理は司法省、検疫は農務省が担当していたが、これを一元化している。また運輸省管轄の沿岸警備隊（コーストガード）、財務省の指揮下にあった「シークレットサービス」や独立組織であった緊急事態庁（ＦＥＭＡ）もＤＨＳ傘下となった。

ＤＨＳの発足にあたっては、既存の組織と要員が束ねられただけではなかった。テロとの戦いを目標に、新たな機能も付加された。その中の一つの典型的な例が「ＩＣＥ（アイス＝移民関税執行局）」である。

従来からあった税関や国境警備の機能はＤＨＳ傘下で「ＣＢＰ（税関国境警備局）」として統合されていたが、これとは別に違法行為に対する捜査や強制執行の部隊として

ＩＣＥが創設された。ＦＢＩなどを真似て、大卒のエージェントを採用して自前で育成する「ＩＣＥアカデミー」を作り、職員数2万人を超える部局に成長していったＩＣＥだが、当初はその役割は定まっていなかった。たとえば、ブッシュ政権時代の２００５年には、メキシコ湾岸地方を襲ったハリケーン「カトリーナ」で被災した地区への救援活動にＩＣＥが投入されたし、オバマ政権時代には２０１０年にハイチを襲った大震災に際して、国境を越えた救援活動に従事したこともある。

ＩＣＥの「不法移民狩り」

そのＩＣＥが一躍有名になったのは、２０１７年に発足したトランプ政権時代である。トランプは、そもそもメキシコ国境を越えてやってくる不法移民に対しては、厳格な取り締まりを公約として掲げて当選した。そのトランプは、メキシコ国境における「壁」の建設を進める一方で、ＩＣＥに対しては「徹底した不法移民狩り」を命じた。

この２０１７年1月以降、ＩＣＥは迷走を続けていた。まず、ＩＣＥの責任者（ディレクター＝長官）になるには、連邦議会上院の承認が必要だがトランプ時代になってからは、上院で承認された長官は1人も出ずに終わった。つまりアクティング（代行）がトップということになる。その長官代行は4年間にコロコロ代わって、合計7名となった。

トランプの方針は、本来はアメリカ合衆国憲法の規定により保護されるべき存在の難民申請者、また国連の人権規約などで人道的扱いが要請されている不法移民を、全て犯罪者として摘発し拘束するというもので、これはICEの本来の設置目的とは大きく異なっていた。そこで、トランプの推薦で就任した長官は組織を動かすことができず、また組織の叩き上げを長官にするとトランプと対立して辞めてしまうということが繰り返された。正に組織として異常事態となっていたわけであり、またその状態がトランプ政権の異常さを象徴していたとも言える。

ICEによる不法移民への弾圧としては、2018年の1月に、ICEがカリフォルニア州など17州の「セブン-イレブン」約100店に対して一斉に抜き打ち捜査を行い21名の不法移民を逮捕したという事件があった。アメリカの「セブン-イレブン」は現在は日本資本となっているので、狙われたのかどうかはわからないが、この事件は移民に対して「恐怖を植え付ける」だけでなく、メキシコ以南にいる「越境予備軍」に対して「断念に追い込む」作戦であったと言われている。

また、トランプが大統領になる前の時代には、米国で出生して市民権を持っている子供の親を子供から「引き剥がして強制送還」するというのは、犯罪にからんだ悪質なケースに限られていたのが、2017年1月以降は、どんどん摘発がされていった。その結果として、全国の教育現場では、ICEに親を奪われたて孤立した子供の生存権をどうやって確保するかという問題が緊急の課題になっていった。

ICEは実際の国境地帯でも厳格な取り締まりを行った。壁の建設は進められたものの、「国境の全部を壁で遮断」するようにはなっていなかった一方で、2018年から19年にかけては、全国的に治安状態の悪化しているホンジュラスなど中央アジアからの家族連れの避難民が殺到していた。

その多くは長い国境線のどこかで越境して当局に拘束されるのだが、そこで母国で迫害を受けたということが証明できた場合は「難民保護」ということで、トランプ政権以前は入国が認められていた。また、そうではなくて単なる違法入国だとして、国外追放される場合についても家族は一緒という運用がされていた。

さらに、実際の運用としては一旦当局が拘束した後に、移民局として審判の結果が出るまでの間に収容する施設が足りないために、「キャッチ・アンド・リリース（本来は釣りの用語で、それを人間に適用するのは差別的なのだが）」ということもされていた。つまり、当局が拘束した不法入国者（とその家族）について、当初の登録を行った後に、一旦アメリカ国内に釈放するという制度である。

これは、特にジョージ・W・ブッシュ政権の際に増えていったのだが、事実上は不法入国を認め、一旦拘束した移民を「野に放つに等しい」という批判もあった。だが、裁判の結果として「対象者を被疑者扱いする施設に、子供を20日以上拘束してはならない」という判例が出たために、法律上仕方がない面もあった。

ところが、トランプ政権発足から3カ月を経た2017年の5月から突然に、「ゼロ・トレランス（寛容ゼロ、つまり一切の例外を認めないということ）」政策というのが実施された。実施したのは、当時のジェフ・セッションズ司法長官で、その背後で指示していたのはホワイトハウスのスチーブン・ミラー顧問（当時）と言われている。

どういうことかというと、合衆国に不法に入国した人間は「全員がその時点で犯罪被疑者として逮捕」ということ、そして「審判が終わるまで拘束する（オール・キャッチ政策）」という措置である。正に「寛容ゼロ」というわけである。この寛容ゼロ政策の結果、不法入国者は成人の全員が逮捕される一方で、「子供の隔離（セパレーション）」が発生、多くの家族が引き裂かれることとなった。

親は、移民局の収容所に入れられる一方で、子供に関しては民間のNGOが全国17州に分散された100箇所の収容所にバラバラに収容するということが行われた。たとえばテキサス州では、閉店したウォールマートの店舗を改造した、にわか造りの「子供用の収容所」が設けられた。その数は急速に増えて最終的には2300名が親元から引き離された。この親子バラバラという措置だが、原因としては「親の逮捕はICE」が厳格に行う一方で、同じトランプ政権下でも「子供の人道保護は保健省」という「縦割り行政」が起きていたためという説明がされていた。

子供の収容を行った当局（保健省）は「政治家の視察」を頑なに拒んでいたので、詳しい実態はベールに覆われていた。だが、一部の施設に関しては2017年の時点でメディアに公開された。この時には、狭いスペースに押し込められたベッドに多くの子供たちが寝かされていたり、その際にアルミホイルで出来た銀色の保温布団に寝かされたり、頑丈な針金で作られた檻に入れられていたり、まるで刑務所のような映像が全世界にショックを与えた。

隔離の対象となっている子供として一番幼いケースとしては「生後十カ月」という事例、また10歳のダウン症児が隔離されているというニュースもあり、こちらも社会に衝撃を与えることとなった。これは完全に人道危機と言ってよい状況だったが、特に悪質な行為としては、子供たちに向精神薬が強制投与されているという報道も出ていた。幼い子たちは、親から引き離されて精神的に不安定になり、泣き叫んだりするわけで、それはまったく自然なことであるが、それをPTSDだと「診断」して、「ならば抗うつ剤を投与すれば静かになるだろう」という判断から、薬剤を強制摂取させているというのであった。

これは、仮に事実であるならば重大な犯罪行為になる。まず、米国の国内法では、未成年者に対する投薬には親の承諾が必要だ。また、医師の個別の診断や処方のないまま幼い子供にこの種の向精神薬を投与するというのは、これも重大な犯罪である。さらに少年少女の収容者に対しては、深刻な性的虐待も発生しており、一部の調査結果としては４５００件以上の事例があるという。こうした一連の問題に関しては、仮に事実であると判明した場合には、深刻な刑事事件と民事訴訟の対象となると思われるし、２０２１年に発足したバイデン新政権は、恐らく前政権のこうした「犯罪」を見過ごすことはしないだろう。

こうした「子供の引き離し」事例というのは、少なく見積もっても５５００件程度あるという。そして２０１９年までに親子が再会できたケースは、多くても８００家族程度であり、残りは隔離されたままであるという。また２０２０年には、劣悪な環境の中で新型コロナウィルスの感染が起きたという報道も一部では流れたが、その実態も解明されていない。

反対の声は、共和党サイドからも上がっていた。たとえばジョージ・W・ブッシュ大統領の夫人である、ローラ・ブッシュ氏は「米国史上最も恥ずべき行為であった日系人の強制収容を想起させる愚行」だとして激しく批判する書簡を発表していた。ジョン・

ケーシック・前オハイオ州知事（共和）も「レーガンとブッシュ父子の党とは思えない暴虐非道」と激しく糾弾していた。

リベラル派とDHSの暗闘へ

トランプ政権下のDHS、特にICEの横暴に関しては当時の野党である民主党とその支持層は猛反発を続けていた。たとえば、2020年まで続いた民主党の大統領予備選では、候補の多くは「ICE改革」を公約に掲げていたぐらいである。大統領候補ではないが、事実上は民主党左派のリーダー格であるアレクサンドリア・オカシオコルテス（AOC）下院議員（ニューヨーク州選出）などは、ICE廃止を強く主張してトランプ政権と鋭く対立していた。

そんな中で、全米で問題となったのは「サンクチュアリ・シティ」を巡る争いであった。従来から、民主党支持者の多い大都市では、不法移民に寛容な政策が取られてきた。たとえば、「犯罪の被害者が不法移民の場合」に、被害を警察に届けることで身分が明らかになると摘発や国外退去の理由になってしまう。

そこで民主党の多くの市長は「自分の市では犯罪被害にあった不法移民を保護する」と宣言していたし、政治任用によって市長が任命する市警察のトップにも、そのような保護を命令していた。つまり、そうした市というのは、不法移民にとっては「聖域」、つまり中世以来、政治的迫害を逃れて教会に飛び込んだ人物を教会が保護したように、市として不法移民を保護しようとしたのである。

これには人道主義を政治利用しているという批判は従来からあった。だが、現場の市役所や市警察としては、犯罪被害の事例がちゃんと届けられることは治安維持のために重要であり、実務的な理由もあってこうした政策を進めていたのである。

トランプとその支持者たちは、こうした「サンクチュアリ・シティ」に対して徹底した攻撃を行った。その一つは、「サンクチュアリ・シティ」に対しては、連邦の補助金をカットするという脅迫であり、もう一つはＩＣＥのスペシャル・エージェントを増員して、こうした「サンクチュアリ・シティ」に潜入させて不法移民を摘発するという作戦であった。

こうしたトランプ政権の動きは、現場におけるさらなる反発を呼ぶこととなった。たとえば多くの「サンクチュアリ・シティ」ではＩＣＥへの協力を拒否しているばかりか、ＩＣＥの活動を規制したり監視するという事態も起きていた。また、ニューヨーク州ではトランプ政権とＩＣＥの活動に対抗するかのように、以前からあった「青信号（グリーンライト）法」をより強固なものとして、不法移民に正規の運転免許証の交付を保証した。つまり、市民権や永住権などの書類を見せなくても、出身国の発行する証明書で「生年月日の確認」ができれば運転免許を出すというのである。

ニューヨーク州のクオモ知事によれば、不法移民による無免許運転を防止し、また不法移民が交通事故の被害者になった場合の捜査を円滑に行えるようにすることで、州全体の交通安全に寄与するのが目的としていた。こうした動きに対してトランプ政権は激怒し、市民生活を巻き込んだ対立は激しいものとなった。

同じように民主党州政であるニュージャージー州では、州が経営参加している第三セクターの通勤鉄道「ニュージャージー・トランジット」の列車内で、ＩＣＥが不法移民の追跡活動を行っているとして問題になった。これに対しては、同鉄道の乗務員組合員のグループが「ＩＣＥのエージェントが乗車してくると通報して不法移民を逃がす」という運動を組織的に行って賛否両論の議論となったこともある。

ＤＨＳによるＢＬＭ運動の弾圧

ＩＣＥの問題は、トランプが持ち込んだ「アメリカの分断」を象徴しているのは間違いない。だが、それでもＩＣＥの活動は根拠法に基づいて行われていたし、何よりもＩＣＥとそのエージェントはその身分を明らかにして行動していた。また、ＩＣＥは多くの人道危機を作り出していたのは事実だが、アメリカにおける政治的な敵対勢力に対して直接暴力を加えるということはしていなかった。けれども、ＤＨＳの巨大組織の中には、秘密のベールに包まれた匿名的な警察組織、いや暴力組織のようなものも出てきていた。

２０２０年に連続して発覚した、白人警官による黒人に対する一方的な暴力行為は、多くの世論の反発を呼び起こし、「ブラック・ライブズ・マター（ＢＬＭ、黒人の生命の尊厳を認めよ)」というスローガンのもとで全国的なデモ活動が起きた。

デモ隊の中には行動をエスカレートさせて暴力行為、破壊行為を行う者、またデモの主旨とは無関係に混乱に乗じて略奪や放火を行う者などもあり、全米の大都市では警察による治安維持の努力が続いた。デモの目的の一つには警察を改革せよという主張が込められていることもあり、各自治体の警察としては苦しい対応となっていた。各地の警察としては、首長の調整やリーダーシップによって不測の事態を避けながら、デモ隊による追及にはひたすら耐える一方で、違法行為や暴力行為に関しては未然に防止しつつ発生したら取り締まるという姿勢であった。

だが、トランプ大統領はそうした各自治体警察の姿勢を「手ぬるい」としていた。そこでトランプは、2020年6月にエスパー国防長官に対して「BLMデモの規制に、正規軍の投入を検討せよ」と指示したとされる。これに対しては、当時トランプの「忠臣」とか「イエスマン」と言われたエスパーも「合衆国の正規軍が米国市民に銃口を向けることはあり得ない」と拒否。結果的にエスパーはこの一件が契機となって後に国防長官辞任に追い込まれた。

エスパーが拒否したのは、首都ワシントンDCにおけるデモ隊制圧問題だったが、その後にトランプ大統領が敵視の対象としたのは、西海岸北部のワシントン州シアトル市においてデモ隊が数ブロックの街区を文字通り占拠して「解放区」を作っていた問題、そしてそのワシントン州の南に位置するオレゴン州のポートランドにおいて盛んとなっていたデモであった。

このうちシアトルの「解放区（正式には「キャピトル・ヒル自治区」）」は、2020年の6月8日にシアトル市警の「東分署」の建物を含む市の中心部をデモ隊が占拠して、文字通りの自治を行うという事態となった。これに対して、トランプは、再三にわたって何らかの実力行使を行うと脅したのであった。一方で、州、市、市警察の3者は連携して粘り強くデモ隊を説得するとともに、トランプの介入は断固拒否という姿勢を貫いた。最終的に、万が一トランプが介入すると不測の事態も発生しかねないとして、7月1日までに市警察は「占拠解除」を執行し、ほぼ3週間続いた「解放区」問題には解決を見た。

問題はポートランド市である。こちらでは、5月から6月にかけてデモが激しくなっていた。そこで7月1日にトランプ大統領は、「大統領令」に署名してDHSのエージェントを「連邦の実力行使部隊」としてデモ制圧に投入するとした。そのエージェントが実際にデモ隊の前面に登場したのは7月2日からであった。エージェントは、黒の装甲車で現れ、制服も黒づくめで防弾チョッキを着用している一方で、重武装していた。まるで秘密警察か、軍の特殊部隊のような正体不明の集団であった。

その正体については、未だ十分に公開されているわけではない。報道によれば、法律上の根拠としては「連邦政府の資産を保全する」ための実力行使ということで、ポートランド市にある連邦政府の建物、具体的には裁判所や記念碑などを防衛するのが目的とされていたようだ。また、実際に投入された組織については、「DHSの緊急招集部隊」と命名されており、その実態はFPS（連邦防護局）という連邦政府の資産保全を目的とした警察組織で構成されているものの、実態としてはCBP（税関国境警備隊）、TSA（運輸保安庁）そしてICEからエージェントが出向してチームを組んだもののようである（ニューヨークタイムズの報道による）。

トランプの政治的主張からくる活動の「隠れ蓑」

問題は大きく2つある。1つはこの「謎の黒服部隊」が催涙銃でデモ隊を激しく攻撃したばかりか、実弾を込めたライフルなどの銃口もデモ隊に向けていた、つまり極めて戦闘的な姿勢を取っていたということだ。これに対しては、オレゴン州とポートランド市、そしてポートランド市警は強く抗議をしていた。それだけでなく、不測の事態に備えるためだとして、なんと市警察の部隊がデモ隊を防衛するような戦陣を張って、「黒服部隊」と真正面から対峙するという一触即発の局面もあった。

もう1つは、この「黒服部隊」は、抵抗するデモ参加者をどんどん身柄拘束して、黒い装甲車に引っ張り込んでいたという事実だ。FBIはともかく、連邦の匿名エージェント集団にデモ隊を逮捕する権限があるのかは、ほとんど根拠法が見当たらず、当時もその扱いに関しては議論があった。だが、トランプは「違法で危険な極左デモ」だとして多くの身柄拘束を指示、概算で500名前後が数週間拘束されたという。

ただ、いくら何でも米国市民に対して礼状もないまま拘束を続けることはできないし、拘束したということは連邦政府として刑事事件として起訴しなくてはならない。そこで、結局は司法省の傘下にある連邦検察が出てきたが、多くは不起訴か微罪で略式裁判となって終わったという。

ブッシュ政権がテロ対策として、多くの省庁を集めて作ったＤＨＳ（国土安全保障省）は、２０１７年のトランプ政権成立後は当初の設立目的とは異なり、傘下のＩＣＥによる「不法移民狩り」や「黒服部隊」によるデモとの対決など、どちらも多くの自治体警察に敵対しつつ、トランプの特別な政治的主張からくる活動の「隠れ蓑」となった。

連邦の警察組織というのは、ここまで本書で見てきたように歴史的には紆余曲折を経てきており、独断専行や組織同士の対立は数多く経験してきている。また連邦の警察組織と地方の自治体警察が捜査のイニシアティブを争うこともあった。だが、今回のＩＣＥや黒服部隊の問題は、まず連邦組織と地方警察が真っ向から敵対したということが衝撃的であるし、その背景には人権や民主主義といった国家の根幹に関わる価値観の分裂があったという意味で、歴史の審判を待たねばならない。もしかすると歴史の審判が下る以前に、トランプ失脚の後には、各州の司法長官たちがＩＣＥにしても、黒服部隊にしても違法行為として責任者、つまりドナルド・トランプを州法の枠組みで刑事訴追する可能性もある。

シークレットサービスの変遷

ＤＨＳ内の警察組織の変わり種としては、「シークレットサービス（ＵＳＳＳ）」が挙げられる。「シークレットサービス」というと、大統領に直属してその護衛を務める特殊な技能集団というイメージがある。たしかに合衆国大統領の警護は、シークレットサービスの重要な任務に違いない。だが、この特殊な警察機構の任務はそれだけではない。また、組織としてのシークレットサービスの歴史もまた、複雑な変遷を経てきている。

その前身は、１８６５年に財務省管轄の組織として設置された「シークレット・サービス・ディビジョン（秘密捜査部）」で、主要な任務はニセ札の摘発であった。偶然その設置法が可決された直後にリンカーン大統領が暗殺されるが、その時点ではあくまでニセ札捜査の秘密組織だったのである。

ところが、1901年に現職のマッキンリー大統領が無政府主義者に暗殺されるという事件が起きると、プロ組織による大統領警護が必要ということで、連邦政府機関の中で、この「シークレットサービス」が非公式にその任務につくこととなった。1909年に当時のタフト大統領が初めてメキシコを訪問する際には、両国首脳に対する殺害予告が飛び交う中での訪問となったが、シークレットサービスの指揮下で両国警察が連携して両首脳を守ったとされる。その後、FBIの前身であるBOIができて、それがFBIに発展するという動きがあり、シークレットサービスが担っていた国内での情報収集機能の一部は、FBIに移管されたが、大統領の警護という任務はFBIではなく、あくまで財務省管轄の「シークレットサービス」がその任務にあたった。

警護任務ということでは、1975年の昭和天皇・香淳皇后の訪米にあたっては、直前に日本では天皇暗殺未遂事件があり、アメリカではフォード大統領暗殺未遂事件があった一方で、日本赤軍などが天皇訪米に反対してテロ活動を行うなど緊張感のある中での訪米となっていた。

一方で昭和天皇としては、米国民に近づいてコミュニケーションを取ることで日米の歴史的な和解を定着させたいという強い思いも秘めておられた。そんなわけで難しい警備となったわけだが、全日程を無事に完了することができた背景には、シークレットサービスの柔軟で効果的な警備活動があったとして、このことは日本でも評判となった。また1981年3月のレーガン大統領暗殺未遂事件の際には、重傷を負った報道官と共にシークレットサービスのエージェントが、身を挺して大統領を守ったとして賞賛された。

その一方で、19世紀に設立された際には「ニセ札摘発」を任務としていたこともあり、1984年にはクレジットカードの不正利用や重大なコンピュータ不正アクセスに関する捜査権が改めてシークレットサービスに与えられた。また1994年からは電子犯罪対策チーム（ＥＣＴＦｓ）を傘下に置いている。つまり、このシークレットサービスというのは、要人警護の機能と、経済犯罪と情報犯罪に対する捜査機能を「デュアル・オブジェクティブ」つまり「二重の任務」として遂行しているユニークな組織ということになる。

そんなわけで、このシークレットサービスというのは、歴史的に財務省の所轄であった。だが、２００１年の同時多発テロを受けて行われた連邦政府の組織改革の中で新設されたＤＨＳの傘下に組み入れられた。つまり、大統領など要人の警護というのはテロ防止の最優先事項であるので、ＤＨＳに入って他の部署と密接な連携を確保しようというのである。だが、要人警護と経済・情報犯罪の捜査という任務の内容は変わっていないし、ＤＨＳの中でも独立性は強いとされている。

ちなみに、このシークレットサービスの警護対象は、厳密に法律で決まっている。

具体的には、

・正副大統領とその家族
・大統領選の投票まで１２０日となった時点で、両党の正副大統領候補とその配偶者
・選挙結果が確定して以降、就任までの次期正副大統領
・元大統領の一家（本人と配偶者は終身警護対象、子供は16歳まで）
・訪米中の各国元首と、同行配偶者

ということで、決して大統領だけではない。ちなみに、元大統領の配偶者は、仮に元大統領と死別もしくは離婚した後に、再婚した場合は対象から外されることになってい

る。反対に、特別な理由があって特定の個人に対して最高レベルの警護をすることが必要とされる場合は、大統領がその人物の警護を命ずることができる。

シークレットサービスという部門の全体は、職員数7千名を超え、国内116拠点、海外20拠点を有する巨大組織でもある。全体はシークレットサービス長官（DSS）が統括している。したがって、大統領個人のパーソナルな警護官という理解は正確ではない。あくまで設立法を根拠に活動する立派な連邦警察の一つである。

あくまで仮の話だが、選挙で敗北した大統領が翌年の1月20日を過ぎてもホワイトハウスを明け渡さなかった場合には、まずシークレットサービスが「タダの人となった前大統領」を現行犯逮捕することになる。連邦政府の公式な役所である以上は、1月20日の正午からは新大統領の指揮命令に入るからだ。また、大統領就任式の遂行と警備もシークレットサービスの任務である。もっとも、2021年のバイデン大統領の就任式の場合は州兵とFBIも加わった厳戒態勢となっている。

第4章　銃社会で苦悩する警察

銃規制はなぜ進まないのか

アメリカという国で、治安維持活動を困難にしているのは「銃」の問題である。地球上でこれほど銃が野放しになっているのはアメリカだけであるし、その規制について、未だ社会的合意ができていない。むしろ21世紀に入って銃を巡る議論に関しては、対立も問題も深刻化していると言える。

アメリカの銃問題がややこしいのは、憲法の条文の中で、市民の武装を認める条文、つまり合衆国憲法修正第二条（セカンド・アメンドメント）があるからだ。在日アメリカ大使館がホームページで公開している条文では、次のように訳されている。

「規律ある民兵は、自由な国家の安全にとって必要であるから、人民が武器を保有しまた携帯する権利は、これを侵してはならない」

これだけ読むと、これは民兵を招集するための条文に見える。つまり、有事に当たっては国民皆兵体制を取るスイスなどと同じように、あくまで国家の安全のための武装が可能、という意味に取れる。だが、アメリカでの実際の解釈は異なる。正確にいうと、解釈が分裂しているのだ。

一つの解釈は、後半は前半の手段、つまり非常時には民兵が武装することを許可しているに過ぎないというものだ。一方で、前半と後半をまったく独立したものという解釈もある。つまり前半は民兵組織の招集の根拠であり、後半ではそれとは別に個々の市民に対して武装の権利を認めているというものである。

憲法の解釈が真っ二つに分裂しているというのは、何とも異様であるが、この二つの解釈のうち一つ目は銃規制に賛成の立場の解釈であり、二つ目は反対、つまり市民が銃を保有する権利を認める立場の解釈ということになる。

合衆国憲法というのは、必要に応じた修正を繰り返しているのと、連邦最高裁が必要に応じてその時代に即した憲法判断を行って判例を作っていることもあり、比較的その解釈は安定している。

だが、この修正二条に関してはその解釈は確定していない。2008年には、後者、つまり個人の武装の権利という解釈をベースとした判決を出しているが、決定的な判例とはされていない。

アメリカの銃問題は、このように規制への賛否で真っ二つに分裂している。こうした中、１９８０年代から90年代には、一旦は規制に関する法律が何本か成立した。たとえばシークレットサービスの項で紹介した１９８１年のレーガン大統領暗殺未遂事件や、１９９２年の日本人留学生射殺事件などを契機に、銃の購入者に対する審査や、重火器の購入や保有への規制が連邦の法律として導入されたのである。

その１つは「ブレイディ法」である。１９９３年に制定されて94年に発効したこの法律は、銃販売店に対して購入者の身元の調査を規定し、犯罪履歴のある者や麻薬中毒者、精神疾患のある者や未成年者への販売を禁止した。法律の名前はレーガン大統領暗殺未遂事件において被弾した大統領補佐官のジェイムズ・ブレイディにちなんでいる。これはあくまで販売店を規制するもので、実際の保有、携行、使用に関わる規制は各州の法律に任せるという「ザル法」ではあったが、少なくとも危険な人物に銃を売らないということで、犯罪の抑止にはなったと考えられる。

もう1つは、1994年に成立した「アサルト・ウェポン法」である。これは、連射が可能で殺傷力の強い「戦闘用ライフル」が多く出回っていたので、これを規制するのが主旨であった。簡単に言えば、10発以上の連射可能な弾倉の装着を禁止したのである。こちらは、当時凶悪犯罪による治安悪化が問題になる中での「クライム・ビル（犯罪抑止法）」制定の一環であった。

銃による大量殺傷事件

だが、こうした連邦レベルでの規制法は、時限立法であったこともあり、ブッシュ政権時代の2004年に失効した。ちょうど「911テロ」からアフガン・イラク戦争へと進んだ時代であり、ブッシュ政権は「軍事タカ派」的な政策によって、「草の根保守」の票を固めて再選を目指しており、そうした政治的な環境のもとでは、銃規制法の延長には消極的だったのである。

法律が失効したことで、改めて徐々に強力な銃が社会に浸透していった結果、200

7年以降、残念ながら「銃を使った大量殺傷事件」が頻繁に発生することとなった。主要なものだけでも左ページの一覧に記載した通り、極めて事態は深刻である。なお、この2004年に規制法が失効する前の事件として、1999年4月にコロラド州で発生した「コロンバイン高校乱射事件」(15名死亡)も社会に与えた衝撃はまだ強く記憶されていると言っていいだろう。

だが、このように深刻な事件が繰り返されているにもかかわらず、アメリカ社会における銃規制の論議は進んでいない。

そこには共和党がほとんど党是と言っていいぐらいに反対をしているということ、その背後にはNRA(全米ライフル協会)の存在がある。そして、2017年から2021年にかけてのトランプ政権時代には、むしろNRAを中心とした銃保有派の意見が国政を「ジャック」したような形となったのである。

2007年以降にアメリカ国内で発生した主な銃乱射事件

時期	事件の内容	死亡者数
2007年4月	バージニア工科大学で発生した乱射事件	33名
2009年11月	テキサス州陸軍基地における軍医乱射事件	13名
2011年1月	コロラド州での議員暗殺未遂事件に伴う乱射事件	6名
2012年7月	コロラド州の映画館で発生した乱射事件	12名
2012年12月	コネチカット州で発生した小学校での乱射事件	26名
2015年6月	サウス・カロライナ州の黒人教会で発生した乱射事件	9名
2015年8月	ヴァージニア州でTVニュース中継中の殺害事件	2名
2015年10月	オレゴン州の大学で起きた乱射事件	9名
2015年12月	カリフォルニア州でのイスラム系夫婦乱射テロ	14名
2016年6月	フロリダ州オーランドで起きたイスラム系男性によるゲイ・ナイトクラブ襲撃事件	49名
2017年10月	ネバダ州ラスベガスで起きた屋外コンサート会場での乱射事件	61名
2017年11月	テキサス州ニュー・ブラウンフェルズの教会で起きた乱射事件	20名
2018年5月	ニューメキシコ州サンタフェ市で起きた高校での乱射事件	10名
2018年10月	ペンシルベニア州ピッツバーグ市で起きたユダヤ教寺院襲撃事件	11名
2019年5月	バージニア州で起きたオフィスでの乱射事件	10名

※原則として死者には自殺した実行犯を含む

銃保有派が強硬な理由

では、どうしてNRAは、そしてNRAに代表される銃保有派はいつまでも強硬なのだろうか？

そこには明確な理由がある。

銃保有派、そしてNRAは「自分たちが銃を持ち、銃が撃てるようになれば強くなれる」から銃を保有したいのではない。まして「何者かを攻撃したい」とか「殺したい」からではない。そうではなくて「自分たちが銃の被害に遭うのが怖い」から、そして「自分の家族を守りたいから」銃を持ちたがるのである。心の底から「自衛」したいし、「自衛しないと怖い」というのが銃保有派の心理である。

これに、銃保有論の強い地区では「銃による狩猟がその土地に根ざしたカルチャー」として盛んだということもある。だが、狩猟の目的であれば必要のないような、セミオートマチックと言われる連射式の強力なライフルが出回っている背景にあるのは、この「恐怖心」そして「自衛」という発想が根底にある。

そこに、共和党の「政府に関する考え方」が上乗せされてくる。つまり「自分が自分の身を守る権利」は絶対であり、政府の権力がその権利を取り上げることは許せないという政治思想、あるいは政治哲学が顔を出すのである。建国以前の植民地時代から、自分たちはそうやって家族を守ってきた、その権利を奪われることは絶対に許さないという考え方だ。

とにかくアメリカの銃保有派の意見というのは、世界でも本当にここだけの独特の論理によって成り立っている。たとえば、「銃を携行する権利」という主張があり、中西部や南部、西部の多くの州では認められている。つまり、その州で認められた登録さえしていれば、いつでもどこでも銃を携行していいという「権利」である。

つまり公道であろうと、商店や学校、官公庁など公共の場所であろうと、とにかく銃を携行するのは個人の権利ということだ。この「携行権」も、「いつでもどこでも銃を発射して誰かを攻撃したい」という衝動から来たものではない。そうではなくて、「いつでもどこでも銃で撃たれる危険があるので、反撃用に武装していないと怖い」という心理に基づいている。

さらに、これを推し進めたものとして「銃の携行を誇示する権利（オープン・キャリー権）」という概念もある。護身用なら隠し持っていればいいはずで、何も堂々と見えるようにぶら下げて「携行を誇示する」必要はないだろう。銃社会の外からはそうした反応が当然来るであろう。「そんな銃を誇示して歩きたいなんて、現代にカウボーイを気取っているのか」ということで、銃社会の外からはまったく理解不能な発想である。

だが、これも同じことだ。そこにあるのは「銃を見えるように携行して威張りたい、強く見せたい」という心理ではない。「銃を持っていると外から見えれば突然撃たれることは減る」という発想がまずあり、その延長で「銃を見えるように携行していれば、安心だ」という感覚になるのである。

スターバックスによる銃規制

この「オープン・キャリー権」論争に巻き込まれたのがカフェの世界的チェーンであるスターバックスである。スターバックスは、カフェへの銃の持ち込みを断ることで

「オープン・キャリー権」に挑戦したが、銃保有派から「銃規制のリベラルの巣窟」だと敵視され大変な苦労をした。最終的に2013年に会社として銃の持ち込みを禁止するという方針を「全世界の共通ポリシー」として発表している。

スターバックスの場合は、何とかこの「オープン・キャリー権」を追い払ったわけだが、銃保有派の側は、この「携行権」と「携行誇示の権利」を全国レベルの「連邦法」としたいという姿勢を隠さない。ニューヨークやカリフォルニアなど、銃規制の実施されている地域では信じ難いことである。だが、銃保有派の側の発想は「自分たちは、銃を携行誇示していないと不安でしょうがない」のである。たとえば、世界中から人々が集まり、何度もテロ事件の起きているニューヨークなどという「恐ろしいところには、銃を携行誇示しなくては絶対に行けない」から、全国レベルで権利を認めて欲しいと思っているのである。

銃保有派はいわゆる「スクリーニング（身元照会）」とか「ループホール（抜け道）規制」に対しても反対する。精神病歴や犯罪歴がある人間に銃を売るのは適切ではないし、最低限でも「ブレイディ法」を復活させるべきだと思うのは規制派だけであって、銃保有派はこうした措置にも反対する。その背後にある発想は「銃がなくては自分の身が守れない」のに、「多少の（?）犯歴や病歴を理由にその権利を否定される」というのは、「『お前は死ね』ということなのか?」というような思考の流れである。

問題になっている「ループホール」もそうだ。つまり「即売会での非認可業者による相対取引」や「銃のネット通販」で犯歴・病歴チェックが効かないという問題についても銃保有派は「規制に反対」である。「即売会」や「ネット」は、自由に銃が買える「最後の砦」だとして、譲る気配はないのだ。

オバマ大統領就任で銃の販売数は増加

そんな中で、銃規制派は、こうした銃保有派の心情を全く理解できていない。たとえば、２００９年にオバマ大統領が就任すると、全米での銃の販売数は増加した。これは、黒人大統領は嫌いなので内戦を起こそうというようなことではない。そうではなくて、「リベラル派に人気のある大統領が高い支持率を獲得している」のなら、その大統領は

「銃規制を進めるに違いない」、そうなれば「自分や家族を守るための強力なライフルが買えなくなって、最後は強盗に殺されるかもしれない」、だったら「今のうちに買っておこう」という心理の流れが背景にあった。

ちなみに、トランプが就任して1年を過ぎた時点で、レミントン社やコルト社と言った銃製造の老舗企業が経営破綻した。これはオバマ時代のまったくの正反対の効果、つまり「大統領がトランプだから、銃も弾薬も規制はないだろう。だったらいま買う必要はない」という買い控えによって、一気に銃不況が起きたからであった。

そのトランプ時代の後半に、悲惨な乱射事件が起きて多くの犠牲者が出ると今度は、中西部や南部では強力な銃がどんどん売れていった。これも「自分も乱射事件を起こしたい」というのでないのはもちろんだが、「乱射事件に巻き込まれたら対抗しよう」というのでもなくて、「乱射事件のことがこんなに全米で報道されたら、銃規制が実施されるかもしれない」という発想から「急いで買おう」ということであった。

２０２０年の新型コロナウィルスの感染拡大（パンデミック）に際しても、銃の販売は増加した。これも「パンデミックに乗じた強盗が怖い」というよりも、「感染爆発により店が閉まったり、品物が出回らなくなる前に買っておこう」という心理が原因であったようだ。

そんな中で、コネチカットやフロリダの事件で多数の死傷者を出した「アサルトライフル」ＡＲ15などの重火器による犯罪が増えてきた。ビル・クリントン時代にこうした重火器の販売を禁止する「アサルト・ウェポン法」が施行されていたのが２００４年に失効し、以降はこの種の規制を行うことができなくなった。したがってそこから販売が再開されて行って、社会におけるＡＲ15の保有数が拡大していった。実は、この販売数、そして社会で保有している銃の数については「まともな」統計がないのだが、ＦＢＩの資料などでは２００５年以降どんどん販売数が増えていって、たとえば２０１２年には１６００万丁が売られ、その半数が「長銃身」つまりライフルやアサルトライフルだという。

ということは、こうした重火器が５００万とか８００万という数で毎年売られていく、そして累積されていくわけで、それに見合う「多弾マガジン」などの弾薬類も野放しということは、２００４年の「禁止法失効」の悪い結果が、オバマ時代にやって来たということが言えるだろう。

問題は、銃は油を刺して手入れをしていれば「腐らない」ということだ。したがってオバマの8年間に販売された膨大な数の自動小銃的な火器と、多弾マガジンを含む弾薬は、社会に出回ったままであり、さらにその数が増え続けている。その最悪の結果が、2017年10月のラスベガスにおける乱射事件である。一定のリズムで連射される高速で貫通力のある弾丸により61名という信じられない数の生命が奪われたのであり、正に連射ライフルの問題を社会に突きつけた格好となったが、事件が発生したのがネバダ州という「銃保有派」のエリアであり、したがって被害者家族の多くが銃保有派であったこともあり、規制論議は腰砕けとなった。

銃社会を生む風土

問題はアメリカの、とりわけ南部と中西部の農村地帯における社会構造にある。この地域は、世界的に見れば非常に豊かな地域に属するが、集落が拡散しているという珍しい地域だ。したがって、隣家との距離が相当に離れている上に、各家庭には一定程度の家財がある。そこで、何らかの防犯上の対策が必要だということになる。

これが問題の背景にある。であるとしたら、警察組織の治安維持機能を向上させればよいのだが、そこに大きな問題がある。

基本的にこの地域の保守思想には「小さな政府論」や「連邦政府不信論」が根を張っている。それは独立以来の大きな問題、すなわち「税負担をしてまで連邦政府が必要か」という疑問につながっている。そして農業の規模が大きく、経済基盤が強固であればあるほど、政府の行政サービスを受けている実感は薄くなる。隣家との行き来が隔絶するぐらい離れているということは、経済的に自立するだけの営農規模を持っているということになるからだ。その独立心が政府不信と結びついて、自主防衛ならぬ民間での武装の正当化を支えている。

もう一つの背景は、そのように人口の拡散した農業地帯であっても、自由と民主主義の旗印というのは人々の思想に根を下ろしているという点だ。自由と民主主義という思想を信じている以上は、「よそ者は立ち入りお断り」ということにはならない。中部の

アメリカ国内の大型スーパーで販売されている銃（写真：Alamy／アフロ）

ある一州の中の農業地帯の一つの郡を鉄条網で囲って、郡の住民以外は進入禁止にするというような発想はアメリカにはないし、アメリカ人はそのことを誇ってもいる。州が違えば法律も違うのだが、開拓時代や大恐慌の時代など、職を求めて州境を越えていった先人たちの記憶も残っていて、州境に検問所をというような発想はない。そのようにオープンなコミュニティでありながら、政府つまり警察組織の肥大化には反対するという風土から個人の武装というのが正当化される。

警察組織ということで言えば、こうした大平原などで大農場に人口が分散している地域、あるいはロッキー山脈などの山岳地帯でそれこそ人口密度の極端に低い地域は、アメリカの警察システムとしては「保安官制度」が中心となっていて、都市型の自治体警察ではない場合が多い。そこで、自由選挙によって保安官を選び、その保安官は極めて広い範囲を少人数で担当する、その結果として個々の農場や、家庭は自分で武装するということになる。

問題は、そうした大平原や山岳地帯の気風を、もっと人口の多い小都市などでも持ち続けている人々がいることだ。

たとえば、2013年までのある時期、スターバックスに銃を誇示して押しかけたような人々は、街中にスターバックスのあるような地域に住んでいながら、その心の中は開拓時代の大平原を引きずっているのである。これに対して、オバマが演説の中で「アメリカの小都市の労働者は、失業などへのフラストレーションのはけ口として、銃や宗教に依存している」というような指摘をしたことがあるが、そんな論法で攻めても、本人たちは反発するだけだろう。

現実的な銃規制政策

では、そうした地方では銃規制は不可能なのだろうか。民主党の一部の「現実派」や、あるいは共和党のニューヨーク市長として治安改善を成功させたジュリアーニ（後にトランプの個人弁護士）が言っていたように、都市部は銃規制、地方は現状維持という「アメリカを分ける」案というのがせいぜいなのだろうか。

本当に銃規制を進めるには、もっと現実的な政策を提案すべきだろう。開拓時代の面影を残した保安官制度を発展させて、近代的な警察組織を農村部にも十分に張り巡らすことは必要だ。その上で、とかく孤立しがちなコミュニティの間でのコミュニケーションシステムを工夫することで、個人経営の大規模農業を行うような地域や、隣家まで離れた孤立世帯などでも民間の武装解除を行うことが必要ではないだろうか。

具体的な解決策として、もっと実務的な提案もある。以前にニューヨークの市長であったマイケル・ブルームバーグは「警察官が通常携行している武器よりも強力な火器は禁止すべき」という提案をしていた。警察官よりも高性能な火器を自由に所持携行できるというのは、警察による治安維持を否定するものだからだというのだが、極めて常識的な意見と思われる。

またブルームバーグは「標準的な防弾チョッキを貫通するような重火器も禁止すべき」だと主張していた。同じように、防弾チョッキを着用して治安維持に当たる警察官を無力化するような火器を野放しにするのはおかしいということで、これも真っ当な意見である。

規制派は、銃が社会にあふれていると、保有派は仲間がいて心強いだろうと思うかもしれないが、これは違う。銃保有派にとっても、社会に銃が溢れているという事実は脅威なのだ。「こんなに社会に銃があふれている」のであれば「悪漢が襲ってくる際に強力な重火器で襲ってくる可能性は大きい」、であるならば「家族を守るため」には「自分たちも高性能な火器で武装し、十分な弾薬を用意しておかないと」不安でならない、そう思っているのだ。

ということは、本当に銃社会を克服しようと思ったら、販売規制を行うだけでなく、強権での「銃器狩り」をやらなくてはならない。既存の膨大な数をそのまま放置しておいて、新規販売だけを止めても問題の解決にはならないからだ。

この点で興味深いのは、ニュージャージー州やペンシルベニア州が実施している「バイバック」キャンペーンである。たとえばニュージャージーの場合は、一年に数回、期間を決めて「銃を政府に供出するとキャッシュが貰える」というキャンペーンをやっている。短銃は一律100ドル、アサルトライフルなどの重火器は200ドルということで、「身分証明も、合法保有の許可証も不要」ということで、とにかく「その地域に出回る銃を減らす」という試みである。

全国的に一定期間はそのような措置を行い、その後に「強制的に銃を放棄させる」という「銃器狩り」をやらなくては、銃保有派の「恐怖心」の低減は難しいということになる。そこで大事になるのは信頼関係であり、仮に「悪いヤツは保有し続ける」のであって、「正直に供出して放棄している自分はバカ正直」なので「政府に騙されるな！」といった反骨感情に火をつけてしまっては、失敗するに違いない。

いずれにしても、「銃保有の背後にある不安感情」の問題、「禁止を匂わせると反対に普及してしまう」という政府への信頼の欠如、そして「難しくても社会に出回る銃器狩りをしないと、保有派の不安感は拭えない」一方で「保有派に銃を放棄させることが可能なのか？」という問題など、議論の内容は多岐にわたり、しかも大変に複雑なものだ。

問題は、それに反対するカルチャーがこの地域の人々の「アイデンティティ」だと思われていること、そしてそれが現時点での保守派の政治家の集票マシーンと化しているということにある。そのために、安易な形で銃規制論を持ちかけても、この地域の人々は「自分の生存権が否定された」というような拒絶反応を示すことになるという点だ。この傾向は簡単には変わらないだろうし、そのことがわかっているリベラルの側もどうしても慎重にならざるを得ないようだ。

そのような状況を受けて、ポピュリストの権化とも言えるドナルド・トランプは、銃撃事件が起こるたびに「悪人の銃が多いからではない、善人の銃が少ないから被害が拡大する」というNRAの一方的な論理を代弁して、銃保有派の票を握ろうとしていた。

そうした中で、大統領選などの選挙においては、銃保有派には「取り上げられたら困る。買えなくなったら困る」という切迫感がある一方で、規制派の運動はどうしても理念的なものに留まってしまうという問題、そして何よりも「銃規制は票にならない」という構造がある。

したがって、銃の保有をめぐる論争は、選挙では容易に解決はしないであろうし、解決には相当な時間を要すると思われる。

SWATのルーツと銃社会

アメリカは銃社会であり、２００４年に銃規制関連の２つの法律が失効して以来、連射が可能で短銃（ピストル）の3倍から5倍の貫通力があるという強力な「アサルトライフル」が全米で野放しになっている。銃を使った犯罪も多いし、大勢の人数が一度に犠牲となるような乱射事件も繰り返されている。

こうした状況を受けて、全国の各警察組織ではＳＷＡＴチームの設置を進めている。ＳＷＡＴとは「スペシャル・ウェポンズ・アンド・タクティクス」の略で、特殊な武装をし、特殊な訓練をした部隊ということだ。たとえば、禁酒法時代にギャング団と戦った「アルコール取締局」であるとか、建国以来の治安維持にあたっていた各州の州兵組織などは武装しており、場合によっては高度な訓練を施されていたこともある。だが、こうした組織のことはSWATとは言わない。

SWATの定義ということでは、やはり60年代以降の原則として各市レベルの警察が銃を使った凶悪犯罪との対決を目的として組んだ特殊部隊のことを指す。その定義には、多少混乱があり、その後、国レベルの連邦政府でもSWATに似た部隊を保有するようになったが、SWATという言葉が普及すると、連邦レベルのものもSWATと呼ばれたりそう名乗るようになっている。また、自治体警察のない地区では保安官組織がSWATチームを編成している地域もある。だが、SWATのルーツは、あくまで市警察である。

その原点は、フィラデルフィア市警が60年代に銀行強盗との対決を目的として組織したチームだという説もあるが、有名なのはカリフォルニア州ロサンゼルス市の警察、つまり「LAPD」のSWATチームであろう。1967年に設立されたこの「LAPD」のSWAT」は1969年、当時黒人の人権運動の中で過激化していた「ブラックパンサー団」との対決をしている。

この「ブラックパンサー団」というのは、たとえばキング牧師の唱えていた非暴力運動を否定して、武装することで合衆国と対決するという激しい思想を持っていた。FBIも徹底的に対決をしており、特に当時のフーバー長官は「団のリーダー格」については、有無を言わさずに殺害するという強硬策に出ていた。その一方で、当時彼らの運動の拠点となっていたカリフォルニアでは存在感を見せていたのであった。

ちなみに、あまりにも激しい活動姿勢、特に武装して合衆国と対決するという姿勢は社会を震撼させた。そのために、このグループがその名称を借用してきたアメリカン・コミックの『ブラックパンサー』も、70年代以降はアメリカのメインストリームのカルチャーの中では、ややタブー視されるようになっていた。それが、亡くなった悲劇の名優チャドウィック・ボーズマンを主人公とした大作映画『ブラックパンサー』（2018年、ライアン・クーグラー監督）として世界中でヒットするようになったのは、まったく時代が変わったと言っていいだろう。

しかし、1969年の時点での「ブラックパンサー団」は明らかに「反体制武装集団」であった。その年の12月、ロス市内にあった彼らの活動拠点に「非合法な武器弾薬」が集められているという情報を元に、家宅捜査の礼状を取った上でＳＷＡＴが乗り込むと、激しい抵抗を受ける中で銃撃戦となった。40名のＳＷＡＴチームは4時間にわたって数千発の銃弾を浴びせたとされ、結果的に火力で圧倒したＳＷＡＴの前に「ブラックパンサー団」側は投降した。

この銃撃戦においては、幸いなことに死者は出ず、双方に3名ずつの負傷者を出したのみであった。ＬＡＰＤのＳＷＡＴはこの「殺さずに圧倒して投降させた」ことを一種の伝説としてチームの原点にしている。つまり、政府に真っ向から対決してくる重武装の集団に対しても、ＦＢＩのように一方的に殺すのではなく、自分たちは「技術で圧倒」することで社会を守るというのである。

これはＳＷＡＴという組織のルーツとして、以降の各地におけるＳＷＡＴ設立にも影響を与えた。

ＳＷＡＴのカルチャー

こうして各地の大規模な市警察を中心にＳＷＡＴチームが編成されるようになる中で、ＳＷＡＴ独特のカルチャーと人員養成というのが定着していったのである。ＳＷＡＴのカルチャーというのは、とにかく「十分な火力」と「訓練された能力」によって確保される「強さ」であるが、同時に厳しい制約を伴っている。それはＳＷＡＴが適用されるケースは「安全確保に一刻を争う異常事態」に限定されるという考え方だ。

一言で言えば、こうしたケースは2種類に限定される。1つは敵が十分な火力をもって攻撃してくる中で、警察サイドとしては生死をかけた戦闘を通じて相手に勝利しなければ治安が確保できない、そうした通常の警察官の投入では犠牲が出るとか、敗北するといった「一刻を争う」ケースである。初期のＬＡＰＤのＳＷＡＴが「ブラックパンサー団」と対決したのは、このケースである。

もう1つは「人質を取られており、人質の安全確保のために一刻を争うケース」である。そのように「一刻を争うケース」において日頃から訓練を重ねてきた特殊な技能と、高度な装備を駆使して危機（シチュエーション）を解決するのがＳＷＡＴであるとされる。

つまりSWATというのは、この2つのケースに投入するための組織というのが原則である。たとえば、通常の捜査活動、具体的には強盗殺人容疑者の確保、麻薬事犯の取り締まり、といった行動にSWATを投入することは厳に慎まなくてはならないとされている。勿論、麻薬事犯や強盗殺人事件であっても、容疑者側が相当な火力で抵抗することが予想される場合には柔軟な判断で出動できる。

また、テロ対策、人質はないが容疑者が自殺を示唆している場合、高度な潜入捜査、暴動やパニックの鎮圧、都市部における武装逃亡犯の追跡といった任務も、ケースバイケースでSWATが投入される。LAPDのSWATの場合は、「ブラックパンサー団」との対決に続く歴史的功績としては、1984年のロス五輪において24時間体制の警備行動でテロ活動を未然に阻止したことが挙げられている。麻薬事犯への投入はタブーとは言っても、連邦のDEA（麻薬取締局）が実際にSWATレベルの特殊部隊を持っているのも事実だ。だが、大原則としてはSWATの出動できるケースというのには制約がある。市民の権利を侵すような形で、SWATが強力な実力行使を行うことは許されないのである。

２０２１年１月６日の議事堂乱入事件において、暴徒の中には連射ライフルなどで武装していた者もあったが、ＦＢＩやＡＴＦのＳＷＡＴチームの投入は遅れた。これもＳＷＡＴが組織として持っている制約や自己規制の影響といえるだろう。

全国的に標準化された装備

ＳＷＡＴの装備については、全国的にかなり標準化されている。まず服装であるが、黒もしくは濃い緑色のユニフォームに、軍用の軽くて高剛性のヘルメットというスタイルが多い。中には軍と同じ迷彩色を施す場合もある。

次に車両だが、ＡＲＶ（救援用装甲車両）というスタイルの特殊な車両を用意することが多い。このＡＲＶというのがＳＷＡＴを象徴していると言ってもいいぐらいだ。機能としては通常４名で構成されるＳＷＡＴユニットが現場に移動する移動車両であり、高性能な火器と弾薬の収納と使用が効率的にできること、そして相当程度の銃弾や爆発物などの攻撃に耐える装甲、さらには建物の２階から３階にリーチできる高い全高といった特徴を備えている。

火器については、主力としては軍用の大口径連射ライフル、サイドアーム（予備の銃器）としてはセミオートマチックの短銃が標準だが、特にロングレンジでの使用を前提に高性能なスナイパー用ライフルも使用される。

SWATに入るまで

ＳＷＡＴを構成する要素の中で、最も重要なのが人材である。全国の自治体警察組織における「エリート集団」として位置づけられ、厳しい選抜を突破した候補者が特別な訓練を受けて配属されるシステムとなっている。大都市や連邦組織のＳＷＡＴの場合は24時間体制の勤務となっているため、完全にメンバーは専任だ。だが、中小の都市におけるＳＷＡＴは通常の警察官を兼務している場合もある。つまり日常的なパトロール活動も、コミュニティにおける防犯啓蒙活動などにも従事する。ただし、そのような場合はＳＷＡＴのユニフォームやＳＷＡＴ用の高性能な火器については、ＡＲＶの中にあるロッカーに収納して厳格に施錠するのがルールとなっている。「ものものしい」格好や装備で平常の任務に就くことは禁止されている。

SWATチームに入るためのキャリアパスであるが、原則はまず四年制大学を卒業している（学士）ことが求められる。その上で、ポリス・アカデミーで「サーティフィケーション」を取って現場に配属され、一定の年数を経験して初めてSWATに応募できる。州によって基準が違うが最低3年の現場経験が必要とされるようだ。高卒ではダメということではないが、その場合は警官としての現場での経験に対する評価が高くなくてはいけないし、訓練の期間も長くなる。

SWAT志願者は改めてポリス・アカデミーに戻される。たとえばカリフォルニア州の基準としては、SWAT要員の候補には「ポスト・サーティファイド・ベーシックSWATコース」の履修を義務づけている。こうしたコースを完了して、SWAT要員として求められている知識、技能に達するまで訓練を受けて最終的には州による任官試験にパスして初めてSWATの一員となる。基本的に現場からの叩き上げということになるが、州警察からスライドしてくる者、退役軍人、連邦組織のエージェントなどからの転身組にも道は開けている。

逆に、SWATになれるような要件を満たしていたり、実際にSWATの現場経験がある人材には、チャンスがあれば州警察に採用されたり、稀なケースであるが、連邦の警察組織に採用される場合もある。

要するにSWATというのは、さまざまな意味で地方の自治体警察のエリートであり、レベルとしては州警察や連邦の警察組織に並ぶ存在と言える。年収ということでは、政府の統計によれば5万6130ドルという数字があるが、実際の募集広告などで出回っている実態としては、給与は初任で9万ドル、経験者や上級になると11万ドル以上となっており、通常の警察官の倍近い給与水準と言っていいだろう。

第5章　逮捕と司法取引

刑事事件も「民事裁判」？

各地の自治体警察がそれぞれ独立し、それとは別に保安官があり、さらには連邦の警察組織が横に広がっている。こうした組織の成り立ちにおいて、アメリカの警察は日本の警察とは大きく異なる。

これとは別に、もう一つアメリカの警察が日本と異なるのは「刑事事件」の意味合いという点だ。アメリカの裁判の歴史を見ていると、「A対B」というような形で裁判の、あるいは判決の名前が紹介されていることが多い。つまり、ある問題でAとBが利害対立して、それが民事訴訟として裁判所に持ち込まれると、その裁判は「A対B裁判」と呼ばれ、最終的に判決が出てそれが判例として残っていくと、「A対B裁判」として歴史に記録される。この感覚はそれほど違和感はない。

ところがこれが刑事事件になるとどうなるかというと、たとえばカリフォルニア州で同州の州法によってAという人が起訴されたとすると「カリフォルニア（CA）対A裁判」という名称になる。また連邦法によって起訴された刑事事件の場合は「US対A裁判」となる。つまり、刑事事件というのは、一種の民事裁判であり、ただし、刑事被告人は州法犯罪の場合は州と、連邦法の犯罪の場合は連邦と争うという考え方となる。

これは、日本の場合とはニュアンスが異なる。実際に法廷で繰り広げられるドラマになると、それほど変わりはなく裁判長は被告人に「説諭」をすることはないわけではないし、以前は陪審制度の有無が大きな差になっていたが、日本でも裁判員制度が導入されて定着された現在では、この点の違いも少ない。

だが、日本の場合は刑事事件というのは「お上」によって「罪を裁く」という封建的なニュアンスがまだ残っている。その一方で、刑事事件であっても結局は「被告人と国家の争いだ」とするアメリカのカルチャーははるかにドライであり、よく言えば被告人と国家が対等になっている。

この点がよく表れているのが「司法取引制度」である。日本の場合は導入から日が浅く、せいぜい「ゴーンの犯罪を告発した日産自動車幹部に対して取引によって罪を軽くしたり不起訴にした」ケースが有名となっているくらいだ。

だが、アメリカの場合は、この司法取引が市民の日常生活に深く入り込んでいる。つまり、犯罪のグループに参加していて、仲間の情報を検事に告白することで自分の罪を軽くしてもらうというようなケースだけではなく、もっと一般的な局面でも司法取引というのが行われているのである。

司法取引とは何か〜交通違反を例に〜

たとえば交通違反の場合がそうだ。多くの州では、自動車保険の保険料というのは、さまざまな要素から算出される。日本でも近年はこうしたアメリカ方式が導入されつつあるが、アメリカの場合は、それこそ年齢（17歳から19歳は著しく高い）とか、車のタイプ（スポーツ車は高い）、車の色（白や黒は安い。赤は高い）そしてドライバーの免許保有歴や事故歴などによってポイントがあり、そうしたポイントの全てを考慮して保険料が算出される。

その場合に、多くのドライバーが気にするのが交通違反の点数である。州にもよるが、多くの州では交通違反点数のデータが保険会社に開示されるようになっている。そしてこれは、保険加入の際に約款にサインさせられているので拒否できない。したがって、たとえばスピード違反とか、一時停止違反などで違反点数がつくと、その次の年の自動車保険料が一気に上がるということが起きるし、その点数はなかなか消えない。

たとえば、スピード違反で反則切符を切られる場合に、警官からは「不服がある場合は略式裁判が受けられるので裁判所に出頭しても良い」という説明がある。出頭日は決まっていて、反則切符に印字してある場合、後日に通知が郵送される場合などがある。その際に、裁判所で「取り締まりの違法性を立証して点数も反則金もゼロにしてもらう」というのは通常はまず不可能である。

具体的にどうなっているのかというと、裁判所が開廷する指定の時間に行くと、廷吏が「どうします？　思い切り争うなら弁護人が待機しています。現実的な仲裁をお求めなら担当検事とお話しになることもできます」という案内をするのである。つまり、この場合の被告人は「大人しく切符を切られて、違反点数も受け入れて、切符通りの反則金も払う」という覚悟があるのなら、この時刻に裁判所には来ないわけである。そうではなくて「もう少し良い解決法」がないかと求めて、裁判所に出頭したわけで、それをしないのならクレジットカードの番号をネット入力して反則金を払えば済む。

問題は、ここで2つの選択肢があるということだ。まず弁護士をその場で雇う場合だが、これは「点数がすでにたまっていて、免停や取り消しの危険があり、そうなると仕事などに支障が出るので量刑を思い切り下げてもらいたい」という場合である。また、DUIつまり「薬物の影響下の運転」、具体的には血中アルコール濃度が濃かったり、違法薬物が検出された場合には免停どころか実刑の危険があるので、弁護人が必要になる。いずれにしても、相場の量刑では困るので弁護人に頑張ってもらう必要があるケースである。

こちらを選ぶと、待機している弁護士がいきなり事情を聞いてくる。その場合の条件交渉はひたすらカネである。「貴殿の場合は、かなり不利ですね。ですから実刑回避に持って行くのは可能ですが、特殊な判例を参照して特別なロジックが必要。したがってお値段は1200ドル」とかそういった交渉になる。

一方で、前述した「違反点数がつくと保険料が数年にわたって上昇するので、これを避けたい」となると、交渉の相手は検事になる。紹介された検事のところへ行くと、単刀直入に「2ポイントは重いですね。では、略式起訴内容を変えましょう。信号無視ではなく、第2級安全確認不足という容疑に切り変えます」というのである。「罪状が軽くなってラッキー」と思ってはいけない。この「第2級安全確認不足」というのは、違反点数はつかないが反則金はケースバイケースで結構取られるのである。そこで検事は審査を開始する。

すると、以前に交通違反で止められた際の警官がそこに呼ばれていて、検事と相談をしている。警官は特にこちらに挨拶などはせず、終わると検事がやってきてこう宣言する。「では、違反点数はなし。その代わりに反則金は280ドルということで、了承してもらえますか？」と実に単刀直入だ。

頭でザッと計算すると、保険料が上がらずに済むが、反則金は切符通りの額よりは相当に上がり、多少はトクをする程度だが、たしかに来ただけのことはある。そこで「了承する」と述べると、「実は、今夜は窃盗とか薬物とか多少大きめの簡易法廷が先にあるので、1時間半廷内で待っていてください」となる。その上で「時間が来たら判事が呼ぶので、本人確認と宣誓の後は質問が3つあります。全部イエスと答えれば、それで終わりです」というアドバイスがされる。そして実際にその通りになるのである。

つまり検事としては、違反点数をつけて保険料がアップすると、カネが保険会社に行ってしまうが、この取引をすることで反則金収入が自治体に入るのでこういう措置をするというわけである。そして警察はそれも一つの正義であり、社会秩序の一種ということで取引を助ける。背景に、お上は偉くて庶民は従うだけというカルチャーではなく、政府と市民は対等という価値観があって初めて成り立つ光景と言える。

アメリカにおける「逮捕」の意味

政府と市民が対等という価値観は、「逮捕」という手続きに際しても表れる。たとえば、一度に大量の人数が逮捕されるケースとして、市民運動のデモ隊が勢い余って届け出区間を超えてデモ行進し、それを理由に逮捕されたとする。

まず、容疑者は順番に並ばされる。そして、所有物を全部提出させられる。その際に特に暴力事件や悪質な麻薬事犯でない限り、身体検査などは行われることは少ない。もちろん、銃社会だからボディチェックはあるが、空港の保安検査とあまり変わらない。ただし、とにかく持ち物は全部没収されてチャックのついたビニール袋に入れられて名前を書かれる。

その場合に、弁護士との交信は許されるが、それが終わったら携帯もその袋に入れさせられる。その後は、ケースバイケースだが、市警察の拘束を受けただけで、容疑も条例違反で軽微となると、交通違反と同じように流れ作業になる。デモ行進で許可された区間をはみ出したなどという場合は、州にもよるし、政治的な背景にもよるが、普通は不起訴になる。形式的に記録が取られて書類が作られ、順番に進むと最後に検事が不起訴のスタンプを押して、一見落着になる。

こうした場合に問題になるのが、最初に持ち物が没収された際の「ビニール袋」であり、これがなかなか出てこないので騒ぎになることもあるという。基本的にこうした場合では、全てが深刻なことにはならない。逮捕ということでは、仮に経済事犯であったり、軽微な刑法犯であったりした場合も、警察は高圧的にはならずに淡々と手続きを進めるという。これも政府と市民が対等という思想から来ている。

２０２１年１月６日の議事堂乱入事件でも、当初はデモ隊への現行犯逮捕・拘束は限られていた。その後、動画等によって議事堂内での暴力行為、破壊行為が明るみに出たことでＦＢＩが主導して全国への指名手配が進められている。

いずれにしても、警察官にはケースバイケースではあるが、法的な知識は相当に求められる。交通違反にしても、デモの警備にしても市民の権利意識が高いこともあって、警察の側には法的な理論武装が必要だからだ。結果的に、法律、特に刑事法制を専攻した人材が、警察の現場では幅広く歓迎されるのはこのためである。

愛される警察官

これは完全に地区によって差がある話だが、アメリカの場合は警察組織が機能している地区では、警察官と市民の関係は良好である。たとえば、よく警察車両が2台、運転席同士を接近させて警察官同士が束の間の雑談をしていることがある。日常茶飯の光景として誰も咎めることはない。

昼時になると、地元のピザ屋やサンドイッチ屋に警官が昼食を買いに来るが、よほどのことがない限り、地元の警察官は地元の有名人であって、店員とはフレンドリーに雑談をしたりする。

小さな町の場合、警察官は教育啓蒙活動として学校に出向いて子供たちに話をすることも多い。不審者から身を守る行動、麻薬の知識となぜ禁じられているかの説明、そして銃の問題、交通安全など、アメリカの子供が成長する際には、こうした知識は安全な生活を送る上で必要不可欠である。そして、警察は直接こうした情報を子どもたちに提供し、子供たちからは信頼と敬愛を受けるというのも、自然なこととされている。

市民の側にも町の治安が守られているのには、警察の力があるのであり、ならば警察を大切にすることが自分たちのメリットだという意識がある。反対に、一部の黒人コミュニティなどで警察への不信感が強くなるというのは、それだけ深刻な問題があるということに他ならない。

市民との関係で言えば、アメリカの場合に特徴的なのは警察の人事や、警察の問題が政治課題になるということだ。前述したように、多くの市町村では警察総監や警察署長は政治任用、つまり選挙で勝った首長が任命する。したがって、有能な警察のトップを引っ張ってくることも、政治家の仕事の一つであり、首長が代われば多くの場合、署長や総監は交代する。つまり、警察のトップの人選には、間接的ながら民意が反映されている。

ゆえに警察の人事に関して市民の関心は高い。特に、ニューヨーク、シカゴ、ロサンゼルスといった大都市の場合は、警察組織も巨大であるし、その警察がどのように効果的に市民を守ってくれるか、市民の関心も高い。

第6章　アメリカの警察は人種差別的なのか？

ジョージ・フロイド氏の死

２０２０年5月25日、ミネソタ州のミネアポリス市で、46歳の黒人男性、ジョージ・フロイド氏が警察の拘束下で首を膝で7分間にわたって圧迫されて死亡するという事件が発生した。このニュースは一瞬にしてアメリカの社会と政治を一変させた。とりあえず実行犯のデレク・ショービンという白人警官は解雇され、最初は傷害致死に等しい「第3級殺人」容疑だったのが、後に殺人罪である「第2級殺人」で起訴されている。公判は２０２１年3月から開始予定となっている。

現場にいて、ショービンの行動を幇助していた別の3名の警官も解雇され、後に「第2級殺人幇助」の容疑で起訴された。この3名のうち2名は白人で1名はアジア系である。

事件の翌日、5月26日からミネアポリスでは抗議行動が拡大して、警察署が放火されるなど深刻な事態となった。また、28日前後からは、抗議行動が全米に拡大する中で、29日の晩あたりからはニューヨーク、ロサンゼルス、アトランタ、ミルウォーキー、デトロイトなどで激しい実力行動が発生した。

2020年6月、ニューヨーク市で行われたジョージ・フロイド氏殺害に対する抗議デモ（写真：ロイター／アフロ）

さらに、この事件を契機として、その2カ月前に発生していた「ブリオナ・テイラー氏殺害事件」にも注目が集まった。これは、2020年3月13日、ケンタッキー州ルイビル市に居住していた女性救急救命士のブリオナ・テイラー氏が、自宅アパートで男性のパートナーと一緒にいたところへ警官隊が玄関を突き破って侵入してきた。暴漢の襲撃と勘違いしたパートナーが発砲すると銃撃戦となり、8発の銃弾がブリオナ・テイラー氏に命中して彼女は死亡した。

事件の後、ブリオナ・テイラー氏とパートナーの男性に過失はなく、警察が警告なしにアパートへ踏み込んだこと、それ以前の問題としてこの時に捜査対象としていた住所情報は誤りであったこと、その捜査対象の人物は事件のタイミングでは、すでに拘束されていたなど警察サイドの重大な過誤が明らかとなったのである。

このフロイド氏とテイラー氏の問題については、ここまで見てきたようなアメリカの警察組織の複雑さ、そして歴史的経緯が背景にある。だが、そのことを考察する前に、とにかく両名の死が社会に与えた深刻な意味についてＢＬＭ運動の流れを確認しておく必要がある。

黒人に対する暴力の歴史

ＢＬＭ的な運動に結びつくような事件、つまり黒人が一方的に生命を脅かされるということでは、19世紀の半ばに南北戦争によって南軍が敗北するまではアメリカ南部を中心に実施されていた奴隷制がある。だが、南北戦争が終結して奴隷制の廃止が全国に及んでも問題は容易に解決しなかった。その後も黒人の権利は事実上行使することができないまま、19世紀末には南北戦争後の「黒人への陰湿なリンチ」があり、20世紀初頭にはそれがKKK(クー・クラックス・クラン)の悪質な暴力となり、また1960年代には公民権運動への弾圧という形で顕在化していたのである。

そのような歴史の延長上で、警官による差別的な暴力事件というのは、70年代も80年代も起きていた。1つの歴史的な転換点となったのが1991年3月にロサンゼルスで発生した「ロドニー・キング事件」である。キング氏はスピード違反を摘発された際に白人警官4名から激しい暴行を受けたのだが、その4名は結果的に不起訴となった。この不起訴となったのが1992年の4月29日でこれを契機にロサンゼルス南部では激しい暴動が発生した。

その際には、黒人と韓国系社会の対立も浮き彫りになったが、とにかく6日間にわたって続いた暴動では、60名以上が死亡、1万人以上が逮捕、火災は3000件以上というアメリカ史に残る深刻な事件になった。

その後も、散発的にいろいろな事件があったのだが、改めて黒人に対する暴力が問題になったのは、2012年のトレイボン・マーティン殺害事件であった。この事件の犯人は警官ではなく自警団の男性であったが、17歳の高校生である黒人男性を一方的に犯罪者と思い込んでトラブルになり、射殺したという事件であった。

この事件では、実行犯であるジマーマンの正当防衛が認められて、無罪となったことから世論の憤激を買うこととなり、これが「ＢＬＭ」運動の発端になったと言われている。

続いて２０１４年にも多くの事件が起きた。まず、ミズーリ州ファーガソンでは２０１４年の８月に白人警官によって黒人青年のマイケル・ブラウン氏が射殺され、その白人警官が11月に不起訴となったことから暴動が発生した。

またその事件の前月、つまり２０１４年の７月にはニューヨークのスタッテン島で起きた白人警官による黒人男性エリック・ガーナー氏の殺害事件が発生している。このガーナー氏の事件に関しても、同じように同年12月に不起訴処分が決定し、抗議行動が拡大するという事態になった。

ＢＬＭの発端は２０１４年

このガーナー氏の事件は、ニューヨーク市にとって一種の〝トラウマ〟になっていると言っていいだろう。そして、2020年5月にミネソタ州で起きたジョージ・フロイド氏の殺害事件は、このガーナー氏の事件と重なる部分があり、NYではとりわけ激しい抗議行動が起きているというのも、そのためだと思われる。

ガーナー氏は43歳の黒人男性で、体重160キロ、身長が190センチという巨漢だった。トラブルの契機としては、違法な「脱税タバコ」を販売しようとしたところを、通報を受けて駆けつけた警官と「もみ合い」になったとされている。事件としては、「納税の証拠となる印紙のないタバコの箱」からガーナー氏が「バラ売りしていた」、つまり一本あたりでは25セントとか、そうした極めて微額の「違法行為」であった。実に「みみっちい」事件だが、通報があれば警官が駆けつけるのは当然ということでトラブルになった。

ガーナー氏は抵抗したが、警官は身柄を拘束しようと最初は1名、やがて2名で立ち向かい「取っ組み合いのケンカ」状態となった。相手は160キロの巨漢だということで、最終的に身の危険を感じた警官のダニエル・パンタレオは、ガーナーの首を絞めるという行為に出た。

今回のフロイド氏の殺害と同じ膝を使って首を圧迫するという方法だが、凶悪な相手を確保する場合に警官には（州により合法非合法はあいまいなものの）良く知られている方法とされている。ガーナー氏は「息ができない」と何度も叫び、最後には窒息死した。死亡確認は病院に搬送した1時間後であった。ただ、警官には殺意はなく、ガーナー氏には心臓の持病があり、また喘息体質であったことが死因の背後にあるという議論もあり不起訴の理由の1つとされている。

一連のトラブルはガーナー氏の知人によってビデオで撮影されていた。このビデオが公開されたことで、「息ができない（"I can't breathe!"）」というガーナー氏の言葉は一躍有名になった。そして抗議行動ではこのフレーズがスローガンになったこうしたストーリーもまた、今回のフロイド氏のケースとソックリである。

しかしながら、２０１４年の段階でニューヨークではこのガーナー事件への追及は鈍かった。というのは、驚くべき不祥事が発生したからである。ＮＹ市のブルックリン区で、２０１４年12月20日の日曜日に、事もあろうに、黒人の男が明確な殺意を持って計画的に、NYPD（ニューヨーク市警）の警察官2名を襲撃して暗殺するという事件が発生したのである。

実行犯は、イサミル・アブドラ・ブリンズレーという28歳の黒人男性で、事件を起こした後に近所で自分も拳銃自殺を遂げている。このブリンズレーという男は、このブルックリンの出身で、オハイオ州やジョージア州を転々とする中で数々の犯罪行為で過去に19回逮捕されており、自殺未遂も起こしているなど、不安定な人物であったようだ。

事件の時点では、ジョージア州に居住していたということから、NYPDの警官殺しを意図して出身地のブルックリンに戻ってきて犯行を起こし、その後に自殺しているということになる。問題は、このブリンズレーがSNSの「インスタグラム」に残したメッセージであった。「マイケル・ブラウン（ミズーリ州ファーガソンで射殺された黒人青年）」と、「エリック・ガーナー（NY市スタッテン島で絞殺された黒人男性）」のハッシュタグをつけた上で、「ブタ共を天国に送ってやる。連中は（それぞれ）1人殺した。俺は2人をやってやる」というのがその内容であった。

要するに2人の黒人が白人警官に殺され、その警官たちが不起訴になっていることに抗議して、NYPDの警官を「2人」暗殺するという宣言に他ならないわけであり、この内容は全米を震撼させた。

「トランプの顧問弁護士」のきわどい発言

そこでNYPDが一気に攻勢に出た。この時の応援団は元市長のルディ・ジュリアーニ（後のトランプ顧問弁護士）であった。

ジュリアーニは、ファーガソンの事件に際しても「黒人の逮捕される暴力事件においては、被害者の多くも黒人、いわば白人警官は身を賭して黒人同士の暴力の仲裁をしているのが事実」などという〝きわどい〟発言をして警察を擁護していた。そのジュリアーニは「今回の事件の背景には過剰な警官叩きがある。過去4カ月にわたるオバマ政権のアンチ白人警官キャンペーンがそうだ」として、当時のオバマ大統領を名指しで非難していた。

また、NYPDでは、現職のビル・デブラシオ市長が「槍玉」に挙げられていた。というのは、特にスタッテン島でのガーナー事件に関して市長は、不起訴処分という大陪審の決定は認めたものの、ガーナーの絞殺に至った警官の行動だけでなく、NYPDには体質的な問題があるという指摘を続けていたからであった。

その時期、つまり黒人の人権擁護の声が大きかった際には、デブラシオ市長は妻が黒人であり人種間和解の「星」だという持ち上げられ方もしていた。だが、このブリンズレーの事件で「仲間の2人が暗殺された」という事態を受けたNYPDは市長に対して強硬な姿勢を取り始め、市長は防戦に回ることとなった。以降この市長は、自分がNYPDの任命権者である一方で、有権者向けにはBLM運動の理解者という姿勢を取ることで迷走していった。

問題を複雑にしたのは、当時のオバマ大統領のリーダーシップが弱かったこともある。「自分が黒人だから思い切り黒人の肩を持つと人種分断を招く」という懸念を感じたのか、強力な介入は避けていた「ふし」があったのである。明らかにオバマはこの問題に関しては指導力を発揮せず、その結果として「チェンジ」などできない政権の「弱さ」をさまざまな形から指摘されることとなった。

そんなわけで、2014年の時点ではすでに「BLM」というスローガンも登場しており、社会としてこの問題が大いに注目されたのは事実であった。だが、警察改革への動きが具体化される前に、NYではブリンズレーによる「警官殺し事件」が起きてしまったし、何よりもオバマのリーダーシップがあいまいであったことから、自然と運動は沈静化していった。むしろ、「警察を悪者にするな」というメッセージが保守派に浸透することが、2016年のトランプ当選を支えた側面も否定できない。ゆえにBLMにとっては「冬の時代」となっていた。

そこへ発生した2020年5月のフロイド氏の事件、そして3月のテイラー氏の事件は時間軸を一気に2014年に引き戻したのである。たとえばニューヨークでは同じ絞殺事件ということでフロイド氏の事件が、2014年のガーナー氏の事件に重ねられて、改めて警察への怒りを呼んだのであった。

デモ隊が叫ぶ「予算カット」

一連の事件を受けてのBLM運動で批判されたのは、現在のアメリカ社会には「システマティック・レイシズム（組織的な人種差別）」があるという点であり、特に警察組織にはその傾向が強いとして批判が集中した。では、この「組織的人種差別」とはどういうことかというと、BLM運動の中では一般的に次のように説明されている。

1つは、奴隷制廃止以来のアメリカ黒人が教育、雇用、生活水準といった面でまだ平等な地位を与えられていないという問題だ。貧困地区に生まれると、貧困のスパイラルから抜けられない、また貧困地区は治安が悪く黒人はむしろ被害者になりやすい、そして今回の新型コロナの問題のように黒人は「現場仕事」に従事せざるを得ない中で感染のリスクにさらされている、そのような社会全体の大きなスケールとして明らかに不平等があり、それが諸悪の根源だというのである。

もう1つは、そのような黒人社会にはアメリカという国家への不信感があり、とりわけロス暴動に始まり、2014年、そして2020年に起きたさまざまな事件が象徴する警察への根強い不信感があるが、警察の側にもそうした黒人に対する嫌悪や軽蔑のカルチャーがあり、その結果として相互不信がいつまでも続いているという指摘であった。

一番の問題は、こうした組織的な人種差別があるのに、多くの国民が見て見ぬふりをしていることだ、そのような批判もされた。たとえばリベラルで自身も黒人であるオバマ前大統領や、ホルダー元司法長官なども、この問題に深く切り込んでいくことはできなかったし、しなかったというのである。そんな中で、21世紀に入るとＡＩやコンピュータの飛躍的な発展によって格差が拡大すると、黒人社会はより追い詰められているし、これに新型コロナが残酷なまでに追い撃ちをかけている……そうした主張である。

こうした主張をベースとして、２０２０年に改めて始まったＢＬＭ運動では「デファンド」、つまり警察への「予算カット」が大きなスローガンとなった。つまり、黒人社会を代表するアメリカのマイノリティに対して、警察は必ずしも効果的に生命財産を守ってくれないのなら「予算をカットするしかない」というのである。

心情としては怒りの先にそうした主張となるのはわかるが、これではアメリカの保守派も中間派も全部を敵に回すようなものだ。２０２０年の大統領選では、民主党のバイデン候補は「ＢＬＭ運動には賛成」としていたが、さすがにこの「予算カット運動」とは距離を置いていた。

派遣されるべきはカウンセラーという主張

もっともこの「予算カット運動」は、単純な警察敵視というわけでもないし、アメリカの治安維持活動を壊してしまうというのが目的でもない。BLM運動のリーダーたちの言う「予算カット」というのには、具体的には傾聴に値する提案も含まれている。それは「コミュニティの問題解決は警察だけに任せない」という考え方だ。

たとえば、警官による暴力を誘発する原因として「家庭内暴力(DV)」の問題がある。DVが起きる、そこで被害者であったり、または騒音を聞いて近隣の家庭が緊急通報する。そこまでは当然の行動であり、場合によっては緊急性が認められると「最初の対応者(ファースト・レスポンダー)」として警察官が派遣される。

問題は、そこで黒人独特の言語表現やカルチャーについて、白人警官が正確に理解できずに、多くの局面でコミュニケーション上の誤解が起きるということがある。たとえば2014年のガーナー氏にしても、射殺されたマイケル・ブラウン氏にしても、彼らなりの「反抗姿勢」の「危険度」が正確に伝わらなかった、そこで恐らくは「殺意と誤認される」ということがあったと考えられる。

また、2020年のジョージ・フロイド氏の場合は、恐らく（良くも悪くもストリートに生きていた）ガーナー氏などと違って、警備員などをしていた普通の市民である。ただ、フロイド氏は背が高い巨漢であり、それが白人警官たちの警戒心を誤って刺激した、つまり差別感情の原因になったと考えられる。

要するに、非常に単純化して言えば、「黒人として人権意識とプライドがあるから逮捕を従順に受け入れない」という姿勢が、警官にとっては「危険で反抗的だから最大限の注意を払って無害化しなくては」という差別感情になる、そして「黒人の巨漢が抵抗しているのだからマニュアル通り無害化が優先される」という暴力の正当化が行われるというわけだ。

今回BLM運動の中から出てきているのは、こうしたトラブルを防止するために「家庭内暴力など市民同士の争いごと」に関しては、そこに「刑事犯罪があり、したがって悪しき容疑者を確保しなくてはならない」というアプローチを見直そうという主張である。つまり、善良な市民がトラブルに陥った際に、最初の対応というのは「容疑者確保」ではなく「問題への支援」であり、そのために派遣されるべきは「カウンセラー」であったり「看護師」「ケースワーカー」であるというのである。

これはDVに関する通報だけではない。たとえば「ストリート」の世界に生きていて、闇の脱税タバコを1本単位で販売しているような人物というのは、警察が出て行って追い回すのではなく、経済的にも、また医療の観点からも支援の対象であるというのだ。

これは傾聴に値する意見ではある。こうした発想は2014年の運動ではあまり議論されておらず、今回の2020年の運動で出てきたものであり、ミレニアル世代ならではの柔軟な発想法がそこには見て取れる。

では、こうした改革が正解なのかというと、問題はそう簡単ではない。まず、人材の問題がある。アメリカの場合は医師だけでなく、看護師やその他の業務も含めて医療従事者の人件費は非常に高い。そんな中で、医療従事者に対してDVなど市民のトラブルに対して、急派する体制を組むというのは容易ではない。また小競り合いなどが発生している場合に、当座の解決をする、つまりトラブルの当事者を物理的に引き離すといった行動を、医療従事者に求めるには相応の訓練も必要となる。

ただし、市町村によってそのような体制、つまり市民社会におけるトラブルに対して、武装した警官ではなく、専門知識のある医療従事者などを「最初に派遣」することが可能な場合もあるかもしれない。２０２１年現在、この点については多くの現場で論争が行われている。

予算と警察官の質

一連の白人警官による黒人に対する暴力について、そこには「組織的な人種差別」があるのだから警察の役割を縮小すべきだというのが、ＢＬＭ運動の主張である。提案されている対策については、現実性はともかく、まったくの的外れではない。

だが、こうした主張に抜け落ちているのは、一連の事件の背景にある「警察の問題」である。アメリカの警察は、本書で見てきたように独立戦争から開拓の時代を経て、複雑な成長を遂げてきた。その歴史的経緯や組織の中に、暴力事件を生むような問題点が潜んでいる、そのような見方も必要である。

一つは、警察組織の分断という問題だ。

本書の前半で延々と見てきたように、アメリカの警察組織は複雑である。まず、自治体警察と州警察がある。そしてその他にもFBIやATF、DEA、さらにはシークレットサービスなど連邦の警察組織もある。それとは別に、自治体警察の中にはSWATチームという一種のエリート部隊が存在している。各組織は悪く言えばバラバラであり、よく言えば独立してプライドをもって仕事をしている。また、アメリカ人の特質として「縦割り組織」になっていないので、プロジェクトごとに組織を超えてチームを組むということも比較的柔軟にやれている。

柔軟ということでは、人事も柔軟だ。大学進学ができなかった人材でも、高卒資格でポリス・アカデミーで学び、「サーティフィケーション」を獲得すればフルタイムの警官への道が開ける。また、そこで実績を上げていけば、上のポジションを目指すことも可能だ。アメリカの場合は、大学の単位は一生有効なので、コツコツ夜学へ通って単位を貯めていけば、30代や40代になって大卒資格を得て改めて管理職を目指すようなチャンスもある。

その上で成績が良ければ、そして高度な訓練のコースを完了したりすれば、たとえばチーフ（署長）になれたり、あるいはエリート集団であるＳＷＡＴに入れたりする。そこから、たとえば連邦のエージェントに欠員が生じた場合に中途で採用してもらえるなどチャンスは広がっていく。

だが、そうした柔軟性は反対に弱点も持っている。それは、成績の良くない警官の問題である。学位のない形で、ポリス・アカデミーを振り出しに現場でのパトロールなどを続ける中で、勤務成績が良くない場合はずっと現場の仕事を続けなくてはならない。そんな中で、地方の小都市ではどうしても給与は頭打ちとなる。

アメリカには終身雇用制度は事実上ないが、その反面、労働市場は柔軟であり、基本的に資格があって職歴があれば、全米に広がった「ポジションの空き」を狙って転職ができる。もちろん、転職する場合に勤務成績は重要だが、基本的に大都市へ行くと警察官組合が強いので、転職に不利になるような多少の不祥事履歴に関しては不問に付される。その結果として、慢性的に予算不足に陥っている大都市の警察は、「優秀な警官を集めるのに十分な給与」は出せないが、それでも「勤務成績が低かったり、トラブル履歴のある地方の警官には魅力的」な給与水準を用意している。

黒人人口が圧倒的な貧困地区に、大勢の白人警官がいて、しかも黒人住民と良好な関係を築けていない、この問題の背景にあるのは、こうした労働市場の問題があると考えられる。

各都市の警察はそれなりの努力はしているであろう。だが、優秀な警官はより良い処遇を求めてSWATや州警察などに引き抜かれて行く中で、限られた予算の中で現場を担う警官の要員を充足するのは簡単ではない。SWATに関しては、BLMのデモ隊からも「カネ食い虫」だと批判されているが、予算というよりも、ローカルベースの自治体警察の中でSWATというエリート集団に優秀な警官が奪われてしまい、現場のパトロール部隊の人材が疎かになっていることの方が問題だとも言える。

BLM運動は警察予算のカットを主張している。市民のトラブルに際しては警察官ではなくカウンセラーを派遣せよ、だから警察予算は削減で良いという意味であり理屈としては通っている。だが、そうではなくて、単に警察の予算がカットされて行くだけであれば、人種差別による暴力行為は増えるだけとなり、問題の解決にはならないであろう。

フロイド氏を殺害した警察官の横顔

たとえば、2020年5月のフロイド氏の事件の場合、実行犯のショービンは長身であるフロイド氏が逮捕に応じないので、同僚の援助を得てフロイド氏を押し倒した。そこまでは百歩譲って仕方ないとしよう。だが、そこでミネソタ州では「裏ルール」として現場で使われていた「自分のヒザで被疑者の首を絞める」という手段に出て、しかも相手が心肺停止となるまで継続した。

これは、何を恐れていたのかというと、格闘となったら負けるという不安であったと推察できる。別に格闘となって負けても、一人の人間の生命を奪うことはないと、誰もがそう考えるだろう。

しかし、恐らくショービンとその同僚の間にあったのは、こんな大男に格闘で負けたら「銃を奪われる」という思いであったに違いない。そして不良警官の間にある別の「裏ルール」、つまり拳銃を奪われる可能性があれば、その時点で相手が非武装でも無害化しなくてはならない、という身勝手な判断が先行したのだと思われる。ショービンは

ジョージ・フロイド氏の首を膝で押さえつけるデレク・ショービン（写真奥）
（写真：MPD／Hennepin Country District Court／アフロ）

犯行にあたって不敵な笑いを浮かべていたが、それは嗜虐的な志向があったというよりも、自己を正当化するためには胸を張らねばという思いの延長であったように見える。

つまりは、このショービンという元警官は、非常にスキルが低かったのである。自分が担当しているエリアの住民について、危険人物かそうでないかを判別するコミュニケーション能力に欠けるし、リスクを考えたとしてそのリスクを処理できるだけの格闘のスキルも自信がなかった、その結果として貴重な人命を奪うに至ったと考えられる。おそらくこれに加担していた3名の警官も、同等であったのであろう。その根底には、無意識のうちに黒人の生命を軽視するという姿勢もあったに違いない。だが、社会的な評価としては、この警官は極めてレベルが低かったのであり、そのような人物がバッジを下げてパトロールをしていたということも問題にしなくてはならない。

ニューヨークタイムズの報道によれば、ショービンは不動産エージェントであった元妻との生活において、脱税もしていたという。豪華な生活をするために非番の際にはガードマンをやり、その報酬を確定申告していなかったというのだからお粗末である。もちろん、そうした人物のリスクを管理できなかったマネジメントの問題もあるが、詰まるところ問題はSWAT、州警察、連邦エージェントと比較すると自治体警察の現場の警官の給与は約半分だという人事制度にあると思われる。

相手の一挙手一投足に緊張を強いられる警察官

2つ目の問題は、とにかくアメリカの警察の問題、あるいは困難というのは銃社会という問題だ。とりわけ2004年に「アサルト・ウェポン法」が失効して以来、AR15やAK47など殺傷力の強い連射ライフルが市中に大量に出回っている。銃は手入れをしなければ錆びるので、販売累積数がそのまま市中で使用可能になっているわけではない。だが、その点を割り引いても現在延べ1700万丁という数の強力な火器が野放しになっているという事実は重たい。

これに対応するために全米の各自治体警察はSWATチームを編成しているし、銃犯罪の捜査についてはATFとFBIを中心に科学的な捜査方法やデータベースの構築などが行われている。また、人口密度の高い大都市では、ローカルな形であるが銃規制が行われ、それぞれのコミュニティにおける銃の保有数拡大を抑止する政策も一定の歯止めになっている。

だが、警察官の日々の業務の中で、「相手が銃で武装している」可能性というのは他国とはまったく比較にならないほど大きい。というよりも、アメリカの警察官はその一挙手一投足において、銃社会の最前線に立っていると言える。

たとえば、交通取り締まりの際に、スピード違反をした車両を停車させる。その際に、ドライバー側の運転席の方へ向かう警察官は、本能的に相手が銃撃してくる可能性を計算している。パワーウィンドウが下げられる中で、ドライバーは「スピード違反をしてしまった。もう逃げられない」と落胆し、またこれから始まる警察官の尋問を前にして緊張しているに違いない。だが、警官の側も「万が一」に備えて緊張を強いられている。穏便に窓が開き、会話が始まる前に一番の問題は、ドライバーが両手でハンドルを握っていることを確認するということだ。両手でハンドルを握っていれば、その限りにおいては銃撃を受ける可能性は少ないからだ。

その後、運転免許証と自動車の登録証、自動車保険証などを確認するのだが、その際にドライバーは警官に断ることなくグラブボックス（助手席前のふた付きの物入れ）に手を伸ばしてはいけない。最悪の場合は銃撃を試みていると思われて撃たれても文句は言えないからだ。逆に警官の側も一連のやり取りの中で緊張を強いられている。銃社会ならではの恐ろしい現実である。

「銃を奪われる」という恐怖

ここでも問題になるのは、やはり警官の質である。基礎能力、基本的な判断能力、知的な思考力、そうした能力を補って余りある経験と経験に学ぶ力、そうした総合力が著しく欠けていると、特に銃社会のアメリカでは警官の任務遂行は困難になる。

白人警官が黒人男性に対して過剰な暴力を加える背景には、やはり銃社会という現実が影を落としていると言える。直接的には、仮に相手が武装していなくても、格闘の結果として銃を奪われる恐怖があるという問題がある。

たとえば従順に逮捕に応じない相手に対して「スタンガンがあるのに、いきなり銃撃した」というケースが時折発生している。これも「相手が巨漢なのでスタンガンでもひるまないだろう」という人種差別に基づく無理解もあるが、万が一スタンガンの効果が悪く、相手が弱らず反対に激怒した場合に銃を奪われる恐怖があり、そうした生と死の極限に勝手に自分を追い詰める中で引き金を引いてひとりの人間の生命を一方的に奪うということになる。さらに言えば、そこまで細かな心理が動くのではなく、銃社会において警察活動をするということを通じて、そのまま死の恐怖が恒常的に判断を歪めているのだとも言える。

銃社会においては、警官という職業の危険性はどうしても高くなる。そのことは、職業として優秀な人材を集めるのを難しくしている。にもかかわらず、市警察が財政難から警官に十分な待遇を用意できなければどうなるか。結局は警官の質を下げるしかない。つまり1つ目の問題と2つ目の問題は一連の問題としてつながっているとも言える。

銃社会への反省が薄い

けれども、このように銃社会という問題が、アメリカの警察の任務遂行を困難にしており、いわば諸悪の根源だという認識は、アメリカでは薄い。政治的な左右対立による分断に社会が疲れていることもあろう。また、ニューヨークなど大都市の比較的銃規制が機能している地域、その反対に山岳地帯や大平原で保安官制度と武装した住民の自主警備で治安を維持している地域の両者にはほとんど交流がなく、「別の国」としてお互いに関心を払わないということもある。

問題は学校などで大規模な乱射事件が発生して、多数の犠牲者が出る場合だが、ラスベガスの事件のように現場が銃保有の世論の強い地域であると、大規模な悲劇にもかかわらず銃社会への反省の声は生まれない。そんな中で、警察には「せめて銃社会から自分たちを守って欲しい」という声はあっても、銃社会をなくして警官の仕事をしやすくしようという発想は生まれにくい。

たとえば、SWATチームが肥大化し、特別な待遇が用意されることで優秀な警官をどんどん集めているということに対する世論の反対は少ない。警察改革を行う際には銃社会の克服が大前提というような発想法は、共和党はもちろん、民主党支持者の間でも大きくはない。

しかしながら、どうやら現場の警官の質が相当に問題だという理解は、徐々にではあるが広がってきているようだ。この点において、各州のそれぞれの市町村で、心ある首長や警察総監たちは、限りある予算の中で何とか良い人材を集めようと努力をしている。とはいえ、トラブル履歴のある警官をどうチェックしていくかということについて、組合に守られている警官集団の中で問題警官を見抜いていくのは難しい課題である。

　実は、こうした点についてオバマ政権時代にホルダー司法長官（当時）が主導して、警察における「コミュニケーション力の向上」とか「スキルの共有化」など、地道な「質の向上」が図られたことがある。

　だが、本書の冒頭で述べたように、各地の自治体警察は良くも悪くも独立性が高い。いわば一国一城の主である全国の警察に対して、FBIとATFを傘下に置く検事総長兼法務大臣であるホルダー氏の主催するプロジェクトが「指導」しても、その効果は微々たるものであったようだ。アメリカにおける警察の改革は待ったなしの課題であるのは間違いない。だが、一つ一つが独立しているアメリカの警察組織というものは、その一つ一つの組織が自分で気付いて自分で行動しなければ、現在の困難な状況から抜け出すのは難しいであろう。

　2021年1月、ジョー・バイデン大統領とともにカマラ・ハリス副大統領が就任した。初の女性、初の有色人種の副大統領である以前に、ハリス副大統領はサンフランシスコの地区検事から公選制のカリフォルニア州検事総長を務めた、いわば「鬼検事」である。

人種やジェンダーの問題にも敏感な彼女は、当然に警察改革にも取り組もうとするであろう。その際に、前半生での経験を活かして、良い意味での各地の自治体警察の独立性、自主性を大事にした改革へと誘導することを期待したい。

おわりに

本書をお読みいただくことで、アメリカの警察というものが日本とは大きく異なるという感想を持たれたことと思う。

誠にその通りであり、制度や組織にしても、その背景にある考えにしても全く異なるのは間違いない。この日米の警察の比較ということについて、巻末のこの場をお借りして3つほど申し上げておきたい。

1つ目は、何よりも凶悪犯罪の発生率が低く、国として高い治安水準を維持している日本の警察については、正当な評価がされるべきということだ。警察が腐敗しており、正義の味方は内部で孤立しているという小説や映画はたしかにある。だが、この種のものはあくまでフィクションであり、現実の警察組織は少なくとも結果は出しているという認識は必要だ。

2つ目として、けれどもアメリカの警察に学ぶところが皆無というわけではない。科学的な捜査の技術はもとより、地方自治が警察への監督権を有することは、警察活動に対する透明性確保には利点である。

また、警察が地域社会の中で親しみを持たれ、その結果として社会の信頼を得ている姿には、日本にはない持ち味がある。こうした点については、必要に応じて日本流のアレンジを施して導入するのがよいであろう。


3つ目として、けれども、アメリカの制度を導入するに当たって、本質を理解しないで断片的に採用するのには疑問がある。たとえば司法取引だが、刑事裁判における検察と被告人の対等性という哲学を無視して導入しても、運用が恣意的で不安定になる懸念を感じる。

また近年では、銃刀で武装した被疑者を緊急避難的に射殺するケースが日本でも散見される。不可避という事例もあるが、仮に日本警察の伝統である武道による格闘能力の鍛練などが徹底しない中で、アメリカの模倣に走っているのであるのなら猛省が必要であろう。

ところで、本書の一部、特に政治や歴史に関する記述については、筆者が長年寄稿を続けているメルマガ「JMM（村上龍編集長）」の「FROM911～USAレポート」、メルマガ『プリンストン通信』、および「Newsweek日本版ブログ」の記事、また単行本『民主党のアメリカ、共和党のアメリカ』（日本経済新聞出版刊）の記述をベースに改稿して収録した部分があることをお断りしておきたい。

また、内容における銃社会の分析、警官による暴力行動の分析については、長年アメリカで生活しながら、日本人の視点を混ぜつつ社会観察を続けた筆者独自の見解であることをお断りしておきたい。多くのアメリカ人の自己理解とは異なるかもしれないが、読者の皆さまの議論の一助にはなると信じて記述している。

最後になるが、本書の成立にはワニブックス新書編集部の大井隆義氏にお世話になった。大統領選とその後の混乱という中でありながら、このような形で本書を世に問うことができたのには、氏の的確で実務的なサポートのおかげである。

２０２１年１月　ニュージャージー州プリンストンにて　冷泉彰彦

アメリカの警察

著者　冷泉彰彦

2021年2月25日　初版発行

冷泉彰彦（れいぜいあきひこ）
1959年、東京都生まれ。アメリカ在住のジャーナリスト・作家。東京大学卒、福武書店勤務をへて米コロンビア大学で修士課程を修了。米ラトガース大学講師などの後、プリンストン日本語学校高等部主任。『「関係の空気」「場の空気」』（講談社現代新書）、『自動運転「戦場」ルポ』（朝日新書）など著書多数。

発行者　横内正昭
編集人　内田克弥
発行所　株式会社ワニブックス
〒150-8482
東京都渋谷区恵比寿4-4-9えびす大黒ビル
電話　03-5449-2711（代表）
03-5449-2734（編集部）

装丁　橘田浩志（アティック）／小口翔平＋三沢稜（tobufune）
校正　東京出版サービスセンター
編集　大井隆義（ワニブックス）

印刷所　凸版印刷株式会社
DTP　株式会社 三協美術
製本所　ナショナル製本

定価はカバーに表示してあります。
落丁本・乱丁本は小社管理部宛にお送りください。送料は小社負担にてお取替えいたします。ただし、古書店等で購入したものに関してはお取替えできません。

ISBN 978-4-8470-6653-5
ワニブックスHP　http://www.wani.co.jp/
WANI BOOKOUT　http://www.wanibookout.com/
WANI BOOKS NewsCrunch　https://wanibooks-newscrunch.com/